AF499486

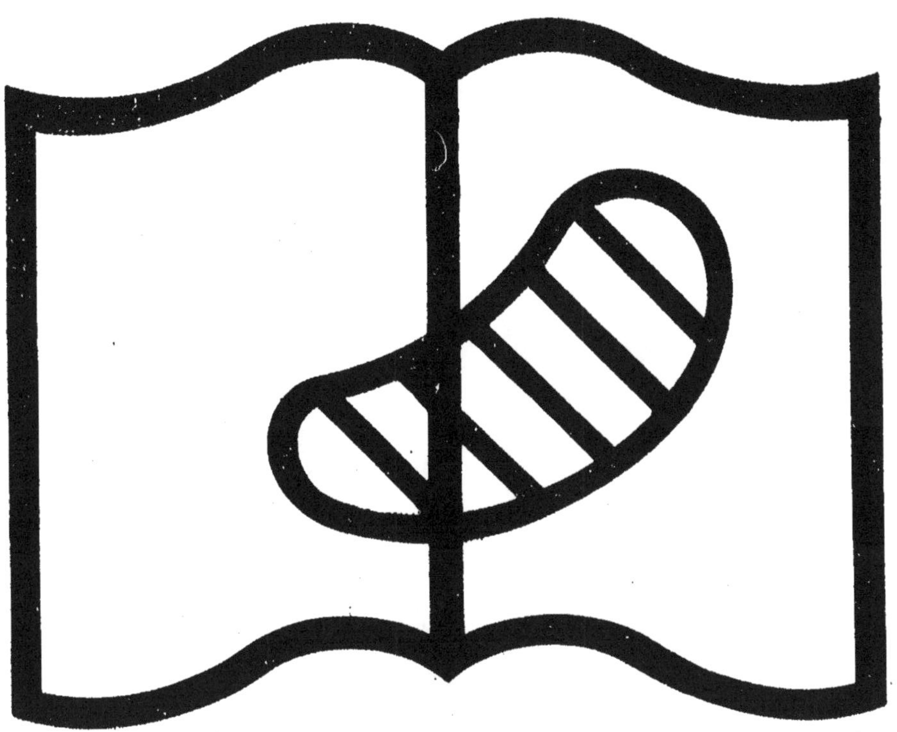

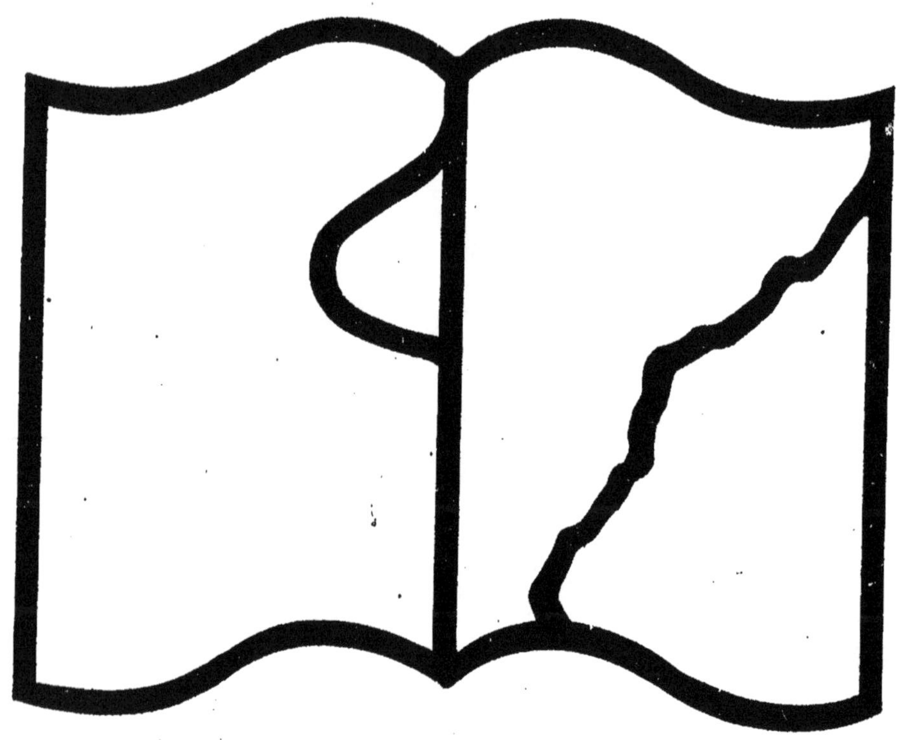

Texte détérioré — reliure défectueuse

NF Z 43-120-11

Symbole applicable
pour tout,ou partie
des documents microfilmés

Deuxième Édition

LE MARIAGE

SES CHARMES & SES DEVOIRS

LA FAMILLE — LES ENFANTS — LES JOIES DU FOYER
CODE CONJUGAL

PAR LE DOCTEUR L. GRELLETY
Commandeur du Montenegro,
Secrétaire de la Société de thérapeutique,
Médecin consultant à Vichy, etc.

« Il y a longtemps que je pense que notre nation a besoin qu'on lui prêche le mariage et le bon mariage. »
TURGOT.

MACON
PROTAT FRÈRES, IMPRIMEURS
1891

LE MARIAGE

SES CHARMES ET SES DEVOIRS

Deuxième Édition

LE MARIAGE

SES CHARMES & SES DEVOIRS

LA FAMILLE — LES ENFANTS — LES JOIES DU FOYER
CODE CONJUGAL

PAR LE DOCTEUR L. GRELLETY

Commandeur du Montenegro,
Secrétaire de la Société de thérapeutique,
Médecin consultant à Vichy, etc.

> « *Il y a longtemps que je pense que notre nation a besoin qu'on lui prêche le mariage et le bon mariage.* »
>
> TURGOT.

MACON
PROTAT FRÈRES, IMPRIMEURS

1891

A SON ALTESSE

LE PRINCE DE MONTENEGRO

Monseigneur,

VOUS *avez bien voulu vous intéresser à la publication de cet ouvrage. Permettez-moi de vous le dédier, comme un témoignage de respectueuse sympathie.*

Trouverez-vous, dans ce travail, l'impression réconfortante de la vie de famille, qui fut toujours votre partage et pour laquelle vous êtes si bien fait?

Vous donnera-t-il la sensation du bonheur conjugal, que vous n'avez pas cessé de goûter et que vous méritiez à tant de titres ?

Éveillera-t-il votre fierté paternelle, qui est si justifiée par les gracieuses princesses qui vous entouraient naguère encore ?

Je le souhaite, afin que ce livre soit digne de vous être offert, digne de votre noble caractère et de l'élévation de vos sentiments !

Dr GRELLETY.

LE MARIAGE[1]

CONSIDÉRATIONS PRÉLIMINAIRES

C'est presque commettre un anachronisme, par ce temps de grivoiseries, d'affaires et d'affairés, que de se faire le champion du mariage, que de vanter le foyer domestique qui est trop souvent une glacière ; que de placer la famille au dessus de nos petits intérêts et de nos mesquines passions.... politiques ou autres.

1. La Société d'encouragement au bien a décerné une médaille d'honneur à la première édition de cet ouvrage.

Entreprendre une pareille tâche, c'est peut-être une aberration; mais si la folie était à refaire, je crois bien que je la commettrais de nouveau. Je ne compte pas me guérir : quand on est bien convaincu de la bonté d'une cause, il est rare qu'on ne lui cherche pas des adeptes, et j'espère en trouver, même à Paris, malgré le scepticisme gouailleur de la génération actuelle.

Oui, je compte provoquer un peu d'écho, recueillir quelques sympathies et surtout avoir le beau sexe, — le bon, — pour moi.

En effet, quand on parle du mariage, toutes les femmes lèvent la tête et prêtent l'oreille; leur cœur qui bat plus fort évoque les félicités promises, ou se souvient des joies éprouvées. Il apparaît aux jeunes filles, radieux et auréolé, dans une lueur d'encens et d'apothéose.

Pour elles, c'est l'*événement*, c'est la grande métamorphose, c'est le poème qui commence..... et fouette cocher!

Rien de plus charmant d'ailleurs que l'épousée, lorsqu'elle défile, frissonnante, sous les regards curieux, comme la reine de quelque blanche féerie.

Drapée dans ses voiles transparents, elle est comme enveloppée de bonheur, comme enivrée par toutes les promesses de l'inconnu et les magies de l'avenir !

Sous le patronage des mamans et des grand'mamans, j'ai donc osé tenter un panégyrique du mariage, — *du mariage, tel que je le conçois et tel qu'il devrait toujours être.* — C'est un plaidoyer sans fiel et une revendication sans aigreur.

Je n'ai pas cru qu'il fût utile de froncer le sourcil, pour défendre une excellente cause.

Je ne me suis montré sévère, je les en préviens, que pour les vieux garçons; j'ai donné contre eux, comme la garde, à fond de train ou de plume; mais je les mets au défi de me convaincre d'injustice. Quand Philippe le Bel voulut supprimer les Templiers, cette milice de célibataires qui détenaient en mainmorte une portion considérable de la richesse nationale et en usaient comme on sait, il les accusa d'hérésie. — Il me serait certainement plus facile qu'au monarque français de prouver que les Templiers modernes sont de véritables infidèles par rapport à la famille.

Aussi, ne pouvant requérir contre eux des tribunaux complaisants, une haute cour quelconque, j'ai opéré moi-même et me suis institué grand justicier.

Le célibataire... endurci, c'est l'ennemi; je le dénonce vertement aux mères et aux maris.

Malgré ce qu'il y aurait à accumuler de témoignages accablants en un pareil procès, mon récit sera moins long que celui d'Énée, rassurez-vous.

Je dirai à ceux qui me reprocheront d'être un sermonneur : — Que voulez-vous, il est si difficile de ne pas se servir de la férule que l'on a sous la main!

Donner des chiquenaudes sur le nez du genre humain, faire la leçon à son prochain a tant de charmes... pour chacun de nous isolément. — Regardez autour de vous : que de prédicateurs, de civilisateurs, de régénérateurs! Il n'y a vraiment qu'un embarras pour eux, c'est de trouver des auditeurs qui ne pratiquent pas le même art.

Il ne faut cependant pas que l'indulgence confine à la faiblesse, et que, par crainte de pédanterie, nous fermions les yeux sur des travers avérés ou des anomalies remédiables.

J'ai pris d'ailleurs mes précautions, en me retranchant derrière l'autorité d'un grand nombre d'écrivains. J'ai appelé leur esprit à mon aide et accumulé le plus de renfort possible. A qui emprunterait-on, si ce n'est aux millionnaires de la pensée et de la bourse ?

J'ai abordé ce sujet du mariage, qui m'attirait depuis longtemps, sans méthode appréciable, au gré de ma fantaisie. — Je me suis vite aperçu qu'il demanderait des in-folio, pour être traité comme il le mérite, et c'est pour cela que je me suis contenté de l'effleurer.

C'est à Nice que m'est venue l'idée de prendre la plume. Cette résolution serait peut-être restée à l'état de germe, si je n'y avais pas rencontré tant de lunes de miel en extase, tant de couples qui cheminaient la main dans la main, les yeux dans les yeux. J'y ai vu tant de baisers s'y donner dans tous les coins, sans compter ceux que je suppose, qu'il m'a semblé qu'il y aurait bénéfice à en évoquer le souvenir, à étaler ces enchantements des premiers tête-à-tête, afin de faire envie aux célibataires et de les engager à donner la réplique.

Pourquoi perdre l'occasion de les induire en tentation matrimoniale et de les faire rêver d'un joli ménage, égayé d'enfants joufflus, tendant vers eux leurs petits bras rosés ?

Vaille que vaille, me suis-je dit, cette vertueuse bluette aura au moins l'avantage de ne pas pousser mes lecteurs vers certains bas-fonds, qui paraissent avoir une incompréhensible fascination pour la plupart de nos romanciers.

Je l'opposerai hardiment à la littérature horizontale, aux habituelles fringales de la foule pour tout ce qui est... décolleté, aux descriptions corrosives dont certains livres regorgent, au capiteux reportage de divers journaux et aux quolibets que la chansonnette lance à la tête des épouseurs.

On est las de voir continuellement évoquer, en phrases court vêtues, les dégradantes orgies dans lesquelles notre génération se précipite tête baissée.

Assez de nudités, d'audaces troublantes et de vivisections. Le public s'est enfin aperçu qu'on le menait... droit au ruisseau. Il nous faut d'autres horizons, d'autres perspectives, pour nous reposer de ces écœurantes exhibitions. Comme Néarque, renversons les faux dieux !

Pour échapper à cette brume et retrouver un coin de bleu, nous n'avons qu'à tourner les yeux du côté du foyer domestique, sa sérénité nous fera oublier la boue qui est à nos pieds.

Certes, le Paris moral peut servir encore de contre-poids au Paris anacréontique, malgré la flétrissure de décadence que l'étranger cherche continuellement à nous infliger. Ses réunions de famille forment certainement un groupe plus édifiant que celui de Carpeaux, mais le malheur est que nos ennemis prévenus ne voient que la surface et ne s'assoient pas à nos tables !

A défaut du talent voulu pour plaider cette bonne cause, qui réclamerait l'intervention des marquises d'autrefois, une parole limpide et parée comme la fiancée que l'on conduit à l'autel, j'y apporte une conviction profonde. — On s'en apercevra bientôt, en constatant qu'il se dégage de ces modestes pages une odeur concentrée de myrte et de fleurs d'oranger.

Que d'autres s'amusent à amuser leurs lecteurs ; j'ai cru faire œuvre tout aussi utile en les entretenant de choses raisonnables : que ceux qui préfèrent parler politique lèvent la main !

Certes, j'aurais pu déchirer ma complainte à la Berquin, détruire ce nouveau-né qui n'est pas irréprochable, à la façon des Spartiates, mais la pensée que cette étude pourrait porter des fruits, servir de trait d'union entre des cœurs faits pour se comprendre, m'a fait ajourner indéfiniment cet infanticide. — Je blâme Hérode, l'auteur du massacre des Innocents : je n'ai pas voulu l'imiter.

Je ne croirai pas avoir perdu mon temps, si je puis empêcher quelques retardataires de mourir, comme Moïse, sans avoir mis le pied sur la Terre promise, si des bans de toutes dimensions tapissent en plus grand nombre à l'avenir les murs des mairies.

D'après les statistiques officielles, il y a eu à Paris : 20.424 mariages en 1884, 20.693 en 1885.

Et pour la France entière : 289.555 mariages en 1884, 283.170 en 1885, 272.934 en 1889.

Le nombre des enfants naturels a été de 75.754

dans la première période; il y en a eu 7.527 de plus dans la seconde.

On a enregistré 4.227 divorces en 1885, dont 1.405 à Paris; 4.708 en 1888. Dans cette même année 1888, il y a eu un total de 3.724 enfants abandonnés. Pareil chiffre n'avait pas encore été atteint.

Notre population, qui, en 1860, tendait à doubler en 145 ans, ne doublerait qu'en 433 ans, si, malheureusement, les conditions actuelles continuaient à persévérer.

L'accroissement de notre population, déjà si faible, il y a vingt ans, diminue encore et nous touchons presque à l'état stationnaire, lorsque toutes les populations voisines augmentent sans cesse, et détruisent ainsi à notre grand détriment l'équilibre actuel.

Les unions illégitimes deviennent de plus en plus nombreuses. Elles coïncident avec l'affaiblissement de nos virilités.

Dans l'intérêt même de notre nationalité, il faut que tout cela change. — En ce temps, où l'on révise tout, voilà un bon sujet de révision. — Je le signale aux intéressés, comme l'oiseau des tempêtes annonce l'orage aux matelots.

Jeunes gens, croyez-moi, le mariage c'est la sagesse, le mariage c'est le bonheur.

Aimez-vous, mariez-vous, pour remplir votre existence de joie, de quiétude et de caresses.

> Vivez, si m'en croyez. N'attendez à demain :
> Cueillez dès aujourd'hui les roses de la vie !

CHAPITRE Ier

LE MARIAGE D'APRÈS SES DÉTRACTEURS ET SES PARTISANS.

TOUT le monde s'occupe ou se préoccupe du mariage, les uns pour le battre en brèche, les autres pour s'en rapprocher et entrer dans la confrérie. — Il en résulte que les jugements portés sur cette vénérable institution sont empreints forcément d'exagération. — Les dénigrateurs systématiques, surtout, ont fait preuve d'une injustice qu'il importe de dénoncer. — Pour en avoir raison, il me suffira de citer quelques-uns de leurs racontars, dictés bien plus par le désir de faire un bon mot, que par un esprit d'hostilité réelle.

C'est ainsi qu'on a écrit :

1° Qu'il n'a jamais existé qu'un mariage heureux, celui du doge avec la mer ;

2° Que dans le mariage, la femme est faite pour souffrir et l'homme pour être souffert; que l'amour est une agréable chose pour la femme, mais qu'elle en change souvent, comme de robe;

3° Qu'en fait de vertus conjugales, la patience est à la fois la base et le couronnement de l'édifice;

4° Que rien ne lasse si vite que le bonheur légal;

5° Que la plupart des hommes prennent une femme par hasard, un métier par héritage et finissent par s'habituer à tout cela, comme on s'accoutume à un rhumatisme;

6° Que le mariage est un jeu de hasard non prohibé.

On pourrait faire des volumes de toutes les petites drôleries que l'esprit frondeur de notre époque a décochées sur la plus respectable de nos institutions.

On croit nous désarmer en débitant les sornettes suivantes : Prôner le mariage quand même et malgré tout, c'est avouer implicitement qu'en dehors de l'ennui il n'y a pas de salut.

Un mariage, est-ce qu'on sait jamais comme ça

tourne ?... Une vraie roulette, rouge, noire — quelquefois jaune !

Il faut être marié comme il faut être vacciné ; ça garantit, et puis, de toutes les folies que l'homme est appelé à faire, le mariage est la seule qu'il ne puisse pas recommencer tous les jours.

L'oranger est le symbole ironique du mariage ; ses fleurs sont blanches, c'est vrai, mais ses fruits sont jaunes.

Il y a plus de sages-femmes, à Paris, que de femmes sages.

Le mariage ressemble à un procès ; il y a toujours une partie mécontente.

Le domicile conjugal est parfois comparable à un bocal, dont la femme est le vinaigre et le mari le cucurbitacée.

Prendre femme, c'est choisir une part de gâteau et se priver volontairement de retourner au plat.

Le mariage ressemble à certaines sources thermales, dans lesquelles on jette un être vivant et qui vous rendent une pétrification.

N'ayez jamais de journal, de femme ni de campagne; il y aura toujours des imbéciles qui se chargeront d'en avoir pour vous.

Les rimailleurs ont eux-mêmes voulu donner leur note dans ce concert. Nous leur abandonnons le mot de la fin :

Messieurs les escargots et mesdames leurs femmes
Font toujours bon ménage, et par cette raison,
Peut-être, que jamais ces messieurs et ces dames
N'habitent la même maison.

Ces récriminations sont certainement très originales, mais qui ne sent qu'elles sont fausses ou exagérées ?...

Elles ne sauraient résister à un examen impartial. L'amour légal, qui aurait le droit de le prendre de haut avec son libre confrère, pourra se dispenser de sortir son grand sabre du fourreau, pour crever ces bulles de savon : — Condamner le mariage sous prétexte que quelques contrats ont été lacérés, c'est s'étonner de ce qu'un pli se rencontre dans un lit de roses, c'est condamner les dîners à cause d'une indigestion, ou proscrire le feu parce qu'il engendre parfois des incendies.

N'en déplaise à la calomnie, le mariage est et restera la pierre angulaire de la société. Malgré le discrédit citadin, c'est l'honneur suprême et la suprême perfection de la vie

Le mariage, d'après Balzac lui-même, doit être l'objet du respect général. — La route est banale, soit; mais nos pères y ont lentement et doucement cheminé.

On a beau rire, faire des vaudevilles et des chansons contre l'hymen et ses avaries, il lui reste un prestige indestructible : Vous niez l'amour parce qu'il a passé par l'église et la mairie, *et cependant il existe !* — Il existe comme le soleil, comme la lumière, comme les fleurs, comme les belles choses.

« Quoique les sots nient les charmes de l'hymen, a dit Cotton, nous qui jouissons de ses heures dorées, savons par douce expérience que le mariage bien compris donne aux tendres et aux bons le paradis ici-bas. »

Oui, c'est une chose exquise que celle de deux êtres « s'unissant au début de la vie, trouvant l'un chez l'autre tous les bonheurs humains, affection du cœur, consolation des déboires inévitables; jouissant d'une prospérité commune et se soutenant l'un sur l'autre dans l'adversité; se réfugiant en eux-mêmes pour fuir les brutalités du monde, sûrs de trouver là une retraite paisible et de se soustraire aux injustices et aux trahisons; ne pouvant être séparés que par la mort et défiant ainsi les tristesses de la vieillesse solitaire ». (G. LACHAUD.)

*
* *

A entendre certains célibataires, mariage est synonime de servage, de contrainte; on se marie, disent-ils, par routine, par curiosité, avec le souci exclusif de reproduire les races. — Le ménage, c'est à leurs yeux la pensée commune, par conséquent l'abêtissement, la vie commune, c'est-à-dire la prison, le lit commun, et ils se détournent avec dégoût.

Selon ces juges sévères, il ne saurait y avoir que fadeur et plate monotonie dans une affection constante et ils opposent l'indépendance de l'amour libre à l'enfer des servitudes matrimoniales.

On a le droit d'être étonné, en les voyant aussi affirmativement dédaigneux, puisque les ménages heureux, comme les peuples favorisés, n'ont pas d'histoire.

Ces gens-là me font l'effet de renards grognant en face d'une treille savoureuse, qu'ils ne peuvent atteindre. Je lis le dépit sur leurs traits et sans besicles encore !

Ils nous donnent une bien mauvaise idée des pécheresses, qui prennent dans leur vie la place du devoir.

Ils ont beau parler ironiquement de l'attelage à trois, du Mazas conjugal, leur joug pèse bien autrement que la prétendue chaîne officielle qui unit les époux. Loin d'y être enfermé dans un cercle de banalités, l'homme y trouve des élans inattendus pour se laisser emporter vers des régions, où l'esprit d'abnégation, le dévouement l'appellent à de chastes rendez-vous. — Ce n'est que là qu'on peut encore être aimé par sa femme, alors qu'on n'a plus rien de ce qu'il faut pour être aimé des femmes, là qu'on peut réaliser cette chose délicieuse, que j'appellerai un *roman légal*.

Le mariage donne certainement des résultats divers, selon les tempéraments, les occasions, les éducations, les consciences, mais d'une façon générale, tandis que toutes les nobles aspirations s'épanouissent dans ce milieu propice de la famille, les ailes de l'âme s'alanguissent au contraire dans l'atmosphère bestiale de la galanterie.

Il y a des couples maladroits, mal attelés, qui se laissent éclabousser et déborder par les petitesses de la vie, soit; mais que sont ces exceptions à côté des déchirements et des deuils qui attendent les célibataires en masse?

Ce sont eux, surtout, qui en arrivent à adopter des enfants qui ne sont pas à eux et à subir une femme qui est ou a été à tout le monde.

Le loup pénètre encore plus facilement dans leur bergerie que dans celle des autres, car elle est moins gardée et moins défendue. Le beau Pâris se change tôt ou tard en Ménélas, beaucoup plus grotesque et infiniment moins intéressant que le premier.

Les fleurs délicates de l'amour vrai, noble et désintéressé ne croissent pas dans la corruption; elles demandent, pour s'épanouir, les hauteurs immaculées, l'estime, le respect, l'accord des âmes. Le Don Juan de Kolomea (de Sacher-Masoch), en aimant et en trompant toutes les femmes, ne peut réussir à oublier la sienne. La félicité conjugale est restée pour lui le paradis, un paradis à tout jamais fermé, mais regretté toujours. Ses hâbleries de libertin ne peuvent nous donner le change, car elles sont trempées de larmes. Eh ! qui ne prendrait, en effet, un plaisir extrême à s'entendre dire éternellement le conte bleu du bonheur ?

CHAPITRE II

JOIES ET AVANTAGES DU MARIAGE — INCONVÉNIENTS ET DANGERS DU CÉLIBAT

Non, rien ne vaut l'amour et les serments contrôlés à la mairie, et, en dehors de l'association légale, je doute qu'il soit possible de renouveler la fameuse légende de Philémon et Baucis, qui n'ont, heureusement, pas emporté dans l'autre monde le secret des félicités conjugales. Cette tendresse antique plane encore sur bien des alcôves.

Voyez les vieux époux qui ont le droit de porter vaillamment leur veillesse. Ils ne s'aiment pas moins, malgré leurs cheveux blancs, parce que chacun de ces cheveux blancs représente une lutte soutenue à deux.

Si leur corps est alourdi, leurs âmes sont proches et se soutiennent mutuellement; leur esprit reste sain et se réfugie vers les choses d'en haut, dans le voisinage de Dieu et le plus loin possible des turpitudes et des chimères de notre temps, avec la sérénité de leur passé rempli de murmures harmonieux, avec la même aspiration vers un idéal de justice et d'amour, le même élan d'espérance dans le triomphe définitif du bien. Ils rêvent ensemble dans la confiance et la douceur de leur vieille amitié ; rien n'est doux comme leur doux bavardage du couvre-feu « tandis qu'au dehors le vent souffle dans les arbres et que tous les échos de leur vieille demeure se réveillent en grondant ». (Droz.)

Ces bons vieux ménages me font songer aux vins de choix, qui sont encore meilleurs quand ils ont beaucoup de bouteille.

Dans les *Entretiens d'un vieux médecin*, le Dr Yvaren parle d'un aimable couple rural qui était tellement uni que, pendant leur longue existence, ils ne voulurent jamais se séparer, surtout pour prendre leur repos nocturne. Nos modernes dépravés peuvent sourire et ridiculiser cette couche qui fut bénie et féconde ; cette histoire me semble, au contraire, fort touchante et digne d'être rapportée :

« Quand l'un des deux époux était malade, l'autre dormait dans un fauteuil, et, pour parler plus exactement, y veillait, jusqu'au moment où soit un mieux sensible, soit la convalescence, lui permettait de se reposer de ses fatigues et de reprendre, à côté du malade, sa place accoutumée.

En 1867, appelé en toute hâte à la ferme de C..., j'y trouvai la femme V... en danger de mort. Elle ne tarda pas à rendre son âme simple, innocente et pure au Dieu qui avait béni son berceau natal et sa couche nuptiale.

Le surlendemain, le convoi eut lieu dans ces conditions de recueillement, d'émotion et de grandeur, que cette cérémonie emprunte, dans la campagne, au ciel bleu qui lui sert de pavillon, aux richesses de végétation et de vie étalées aux bords des chemins que l'on traverse, à la part que les assistants prennent au deuil de la famille, dont ils ont partagé les travaux.

Quand je pris congé du pauvre veuf : « Ce sera la première fois, ce soir, me dit-il, que je ferai lit à part. »

A peu de temps de là, l'interrègne avait cessé; le

mari et la femme dormaient de nouveau sur la même couche. Après avoir vécu ensemble dans la crainte de Dieu, ils reposent ensemble dans la paix du Seigneur ! »

Heureux ceux qui peuvent ainsi posséder un être ajouté à leur être et vivre leur existence en double : deux cœurs et le même battement, deux esprits et la même pensée, deux corps et le même désir !

Prenons la contre-partie de ce tableau ; évoquons un instant seulement la silhouette écœurante de ce vieux libidineux, au facies bariolé de couperose, objet de risée pour tout le monde, qui vautre partout sa décrépitude malpropre et s'en va de fatigue et d'usure.

Est-ce qu'il ne constitue pas un argument irrésistible en faveur du foyer ? Dans nos tourmentes et les appréhensions qui travaillent notre génération, celui-ci apparaît comme un dernier espoir et un refuge.

Sachons donc respecter et pratiquer les institutions de la famille ; il faut défendre ces grandes et salutaires conventions, leur épargner toute atteinte, les maintenir fortes et vénérées au milieu et au dessus de toutes les vicissitudes. Comme l'a dit fort sagement M. Louis Legrand : « C'est précisément parce que les liens des anciennes subordinations monarchiques, féodales et religieuses se sont relâchés, que notre démocratie doit nécessairement chercher dans le foyer domestique son pivot, son centre de gravité, son contre-poids contre les excès de la liberté ou les entraînements des utopies. C'est là, ce n'est que là qu'elle trouvera le principe pondérateur qui la maintiendra, ferme et droite, au milieu des flots soulevés. Ainsi lestée, elle est digne de la liberté, elle sera de force à braver les tempêtes et à courir hardiment les nobles hasards de tous les progrès. »

Le même auteur dit encore au début de son ouvrage :

« L'homme a besoin d'aimer et d'être aimé, mais ce n'est pas tout. Il demande de la sécurité, de la stabilité, de la dignité dans ses amours; il aspire à reposer son cœur dans une affection calme, fidèle, confiante; il désire pour les épreuves de la vie un confident, un conseil, un auxiliaire, qui, en les partageant, augmente ses joies et atténue ses douleurs. Il a encore une autre ambition, celle de créer un centre où sa personnalité se déploie, de grouper autour de lui des êtres issus de sa propre substance, marqués de son sceau individuel, qui soient les héritiers et les continuateurs de son nom, de ses œuvres et de ses pensées... Après avoir donné le jour aux nouvelles générations, il les élève dans les bonnes traditions de probité et d'honneur. Plus tard, quand ces générations ont grandi, c'est encore au mariage qu'elles demandent leur félicité et la satisfaction de leurs meilleurs sentiments... En descendant au fond de nous-mêmes, nous y avons découvert une tendance naturelle vers une union régulière, avec une seule femme. Ensuite, un coup d'œil sur les annales de l'humanité nous a montré les états et les religions travaillant de concert à développer, à protéger cette union. A chaque progrès de la civilisation, nous avons vu cet idéal s'emparer de plus en plus des consciences. Il devient dès lors incontestable, pour tout esprit moral, que l'association permanente d'un seul homme et d'une seule femme, dans des rapports hiérarchiques d'amour, est la vraie loi de l'humanité. »

On ne saurait trop féliciter M. Denis Poulot, au point de vue civil, et l'œuvre de Saint-Regis, 13, rue Madame, au point de vue religieux, d'avoir mis en pratique ces sages idées, en fondant des sociétés pour favoriser les mariages dans le peuple, c'est-à-dire pour resserrer les liens de la famille, avec la femme respectée et l'enfant reconnu.

Dans les innombrables faux-ménages d'ouvriers de la capitale, qui marchent à peu près droit, tout en se tenant de la main gauche, l'enfant vient un matin, sans qu'on ait pensé à nouer les rideaux de son berceau avec l'écharpe de M. le Maire et à marquer ses langes d'un nom. Il y a un grand intérêt social à régulariser ces situations et ceux qui en ont pris l'initiative ont bien mérité de la patrie !

Bien qu'il y ait quelques intérieurs troublés dès l'aurore, où chacun fait danser l'anse du panier conjugal, il faut convenir que l'amour véritable qui n'existe que dans le mariage est comme un bon livre : on arrive à la fin et on voudrait être au prologue.

Si le foyer domestique se change parfois en prison, du fond de laquelle on voit le monde comme à travers des barreaux, ce qui donne envie de s'évader, le plus souvent il constitue un nid toujours prêt, toujours plus doux, chaque fois qu'on y entre.

Malgré quelques réserves, c'est aussi l'avis d'Octave Feuillet :

« Le mariage... c'est l'amour par excellence... Il est possible que l'amour dans le mariage soit un rêve, mais c'est le plus beau des rêves, et s'il se réalise quelquefois, même à demi, il ne doit y avoir rien de plus doux ni de plus élevé au monde. Il est le seul qui mérite véritablement le nom d'amour, parce qu'il est le seul auquel l'idée religieuse mêle quelque chose d'éternel. Ce sentiment de l'infini peut être une gêne, pour des âmes vulgaires, ou mésalliées... mais supposez deux êtres qui se sont choisis avant de s'unir, qui se connaissent bien, qui se plaisent, qui s'estiment... qui s'aiment enfin... et concevez tout ce que doit ajouter au bonheur de leur parfaite union la certitude de son étendue sans fin. C'est une route charmante que suivent les deux chers camarades et qu'ils voient avec ravissement se perdre dans des horizons sans limites, où le ciel finit par se confondre avec la terre. » (*Histoire d'une Parisienne*, p. 111.)

Le célibat braconnant voudrait en vain se fixer dans l'Éden, chaque fois qu'il rencontre Ève égarée sur ses pas. Celle-ci n'en connaît plus le chemin, et, si jamais elle pouvait y revenir, ce serait pour en franchir bientôt la clôture.

Il y a toujours un chiffre caché sous ses caresses, comme une chenille sous des fleurs.

Elle accepte le premier venu, les yeux fermés et les bras ouverts. Le vent qui gémit et le roseau qui soupire de la chanson du *Lac* ne peuvent pas dire : « Elle a aimé ! »

Les tout jeunes gens peuvent se faire illusion sur la galanterie tariffée, cette *Belle-Jardinière* de l'amour, où tout le monde peut s'habiller à prix fixe; mais pour les autres, ceux qui sont allés au fond de toutes choses, ceux qui, arrivés au but, s'aperçoivent trop tard que l'espérance est restée en route et que le bonheur a manqué de parole, s'ils veulent être sincères, ils chanteront en chœur : O amour ! que de homards et d'écrevisses bordelaises on dépèce en vain, en ton nom, dans les cabinets particuliers !

Tous ceux qui ont sérieusement interrogé leur conscience, à ces heures profondes de la nuit, où l'insomnie évoque les remords, ont dû s'avouer que le bonheur était ailleurs.

*
* *

Certes, le bonheur doit bien peu exister pour les voleurs d'amour, qui abusent de l'hospitalité et trahissent la confiance de l'amitié. Et que dire de leurs intimités qui ont pour théâtre les chambres malpropres des hôtels et sont attristées par l'acajou et le damas rouge ?

Aimer la femme d'autrui, s'en faire aimer, ne semble-t-il pas que ce soit la chose la plus naturelle et la moins coupable ? Mais l'expiation est proche. La voilà, sous les traits de Sévérac et de la comtesse Sarah ; ils sont en face l'un de l'autre comme deux criminels. Leurs entrevues sont pleines d'âpreté. Il y a toujours entre eux une ombre qui les menace, un souvenir qui les fait rougir, une arrière-pensée qui empoisonne leurs ivresses et rend leurs baisers atroces.

« Et voilà ce qu'on appelle le bonheur ! Et on le recherche, et on fait tout au monde pour l'obtenir ! On consent à tromper un homme qu'on estime, à ne plus entrer chez lui qu'avec inquiétude, à redouter une indiscrétion, à être sur un qui-vive perpétuel. Et quel amour que celui qu'on dérobe ainsi ! Troublé, ne connaissant pas la sécurité des soirées calmes, aboutissant à des scènes violentes, où chacun des amants se reproche le sacrifice qu'il a fait à l'autre : la femme ses devoirs, l'homme sa liberté. Si bien, qu'après des tiraillements cruels, d'âpres discussions, on finit, après s'être aimé avec contrainte, par se haïr sans réserve et se déchirer beaucoup plus qu'on ne s'était caressé. » (Georges OHNET.)

Quelle horrible chose, écrit Paul Bourget, que ces ruptures où l'on déshonore tout un passé d'illusions par des mots et des regards inoubliables, par des scènes atroces. S'il tient un infini de félicités dans chacune des scènes mystérieuses par lesquelles deux êtres s'éprennent l'un de l'autre, il tient un infini de mélancolie dans chacune des scènes par lesquelles ils se détachent.

Chacun d'eux s'acharnerait en vain à souffler avec une ardeur fiévreuse sur les derniers tisons qui s'éteignent; rien ne saurait les rallumer.

*
* *

On a tort de dire : Ah bah! il faut bien que jeunesse se passe. Avec les encouragements de ce dicton, une foule de jeunes gens ne se contentent plus d'avoir le cœur sur la main, il faut qu'ils aient la main dans vingt corsages. C'est une pente qui mène à tout. On ne prévoit pas ce qu'on y laisse et on oublie combien d'avenirs ont été dévastés par d'indignes passions.

Le bonheur ne se rencontre pas plus dans les commerces illicites ayant l'apparence d'une union véritable, qu'il ne se trouve dans des liaisons surannées, avec des femmes dont les carnations, jadis de marbre, ne sont plus que marbrées; dans ces chaînes qui n'ont que l'habitude pour base et où l'on traîne mutuellement le boulet.

Il n'est pas non plus dans ces fantaisies buissonnières, dans ces caprices passagers où l'on n'a des droits que parce que l'on est le plus gros actionnaire;

dans ces surprises où des filles de condition inférieure, dont la coiffure ne demande qu'à être chiffonnée, s'en laissent conter jusqu'à la layette... inclusivement; dans ces unions contractées trop tard et d'où l'estime réciproque est bannie. Cette faute couronne les autres; il n'en reste plus à commettre, comme disait jadis M. Thiers aux ministres de l'Empire.

Dans le volume de Sapho, qu'Alphonse Daudet a dédié à ses fils... quand ils auront vingt ans (il aurait pu dire aussi bien... quand ils auront vingt francs), pour les empêcher de faire comme les autres, on apprend à connaître les pesants lendemains des liaisons irrégulières : « Que de hautes intelligences, dit l'auteur, que de fières consciences parties pour le grand voyage de la vie ont fait naufrage, au sortir du port, contre l'écueil du faux-ménage et y ont sombré pour jamais ! »

Dalila est toujours là, avec ses ciseaux !

L'amour, s'il peut exister un moment, périt bien vite dans cette atmosphère de réprobation, où le passé commande les plus douloureuses restrictions et constitue un obstacle à la foi, à la sécurité. L'amour peut, sans doute, naître d'une attraction naturelle ; mais il ne dure que par le respect et des déférences réciproques. Sans cela, on sort d'un bourbier pour trébucher dans un autre !

En dehors du mariage, je ne puis trop le répéter, on ne connaît que l'ombre de l'amour véritable, de cet amour qui seul est complet, parce que seul il met tout en commun, les destinées comme les sentiments, qui seul aussi sait allier la dignité à la passion et qui est d'autant plus avide de dévouement qu'il est plus jaloux de ses droits.

Les célibataires me font, dès lors, l'effet de gens qui passeraient leur vie dans une salle d'attente de chemin de fer, se contentant de la vue des guichets et s'attardant dans les guinguettes voisines. Par peur des déraillements, ils préfèrent ne pas partir, ou laissent passer l'heure. Et pendant ce temps, d'autres prennent leur place, vont du Nord au Midi, de l'Est à l'Ouest, avec quelque fatigue, c'est possible, mais avec tant de compensations, qu'ils n'ont qu'à se féliciter de s'être mis en route.

Ah ! si le livre du monde était toujours ouvert à la

belle page, passe encore; mais ses ivresses sont aussi trompeuses que passagères. On sait ce que deviennent les Monpavon, incapables d'une émotion vraie, qui n'ont dans le cœur et dans le cerveau que des paradoxes, après avoir repoussé, à grand renfort de protestations, le mariage et la situation sociale, que la main maternelle leur présentait avec insistance; ils se repentent toujours d'avoir cru qu'il s'agissait là de deux calices, de deux malheurs jumeaux.

C'est en vain qu'on cherche à se raidir, qu'on s'efforce de ranimer les joies éteintes; rien ne se recommence. On n'a qu'un amour et qu'un printemps qui ne reviennent jamais. Il n'y a que les lilas et les primevères qui refleurissent tous les ans!

Profitez donc de la douloureuse expérience de tous les fanfarons du vice, qui, par dédain ou par indifférence, ont délaissé le coche modeste mais sûr des familles, sous prétexte que le voyage n'offrait pas assez d'imprévu.

Ils ont demandé beaucoup à ce qu'ils ont aimé, et ils n'ont reçu que peu de chose en échange, du cuivre pour de l'or.

Les femmes et les cartes sont généralement biseautées, dans toutes ces maisons hospitalières, où les enfants prodigues vont payer la contribution de l'amour et du jeu. Dans cet amour et dans ce jeu, la fausse monnaie domine.

Il est vrai, je n'en disconviens pas, qu'ils auraient pu rester embourbés à Pontoise ou à Carcassonne; mais ils y auraient trouvé du moins bon accueil, bon souper, bon gîte et... le reste.

Au lieu de cette certitude rassurante, ils ont préféré, sans crainte des tempêtes, cingler vers des horizons inconnus, au caprice du vent, au vent du caprice, suivre le chemin de la flânerie et faire la chasse aux aventures.

Toujours hors d'haleine, à peine ont-ils crevé sous eux un caprice, qu'ils changent lestement de monture, et les voilà repartis. Il leur faut des instruments serviles de plaisir, avec table toujours mise et bras toujours ouverts. Nul choix, tout leur est bon... jusqu'au dernier relais.

Ils s'arrêtent enfin, éreintés et fourbus, comme cela arrive toujours, lorsqu'on prend les trains de plaisir et nous les retrouvons, ayant moissonné à pleine faulx leurs derniers regains, ayant laissé le meilleur d'eux-mêmes aux buissons des fondrières, à Aulus, à Barèges, à Vichy, partout où Cupidon s'est mis au régime et boit de l'eau.

Ce n'est plus la diane des baisers matinaux qui les réveille, c'est la pituite. Ils chercheraient en vain à retrouver un peu de ciel sur leur tête, puisqu'il n'en ont plus au fond de leur cœur.

D'après Paul Bourget (*Un cœur de femme*, 1890, page 90), qui vient de donner le bon exemple en se mariant, les viveurs les plus gavés de sensualité satisfaite finissent tôt ou tard par s'ennuyer de la pire des monotonies, celle du désordre :

« Rien de plus régulier, de moins relevé par l'imprévu, de plus distribué en distractions fixes, suivant la saison et l'heure, que cette vie de *fêtard* perpétuel. Cet envers exact de l'existence bourgeoise, en faisant du plaisir une occupation presque mécanique, finit par excéder autant que l'autre et pour des raisons analogues. Le plus souvent, ce *mal aux cheveux intérieur* se traduit par un soupir nostalgique vers la vie conjugale, qui apparaît au *fêtard* comme délicieuse d'inattendu ! »

Avec le célibat prolongé, « j'entrevois à l'horizon, dit Feuillet, des amours de décadence, une jeunesse artificielle s'obstinant contre tous les avertissements et toutes les humiliations de l'âge... de secrètes opérations de teinture et de maquillage... quelque vieille maîtresse légitimée *in extremis*... et mille choses du même genre, auxquelles les plus délicats finissent par se résigner piteusement. »

Dans ses mémoires d'outre-tombe, Chateaubriand a jadis déclaré que le mariage avait plutôt été utile que nuisible à sa destinée : « Si je ne me fusse pas marié, dit-il, ma faiblesse ne m'aurait-elle pas livré en proie à quelque indigne créature ? — N'aurais-je pas gaspillé et sali mes heures comme lord Byron ? Aujourd'hui que je m'enfonce dans les années, toutes mes folies seraient passées ; il ne m'en resterait que le vide et les regrets. Vieux garçon sans estime, ou trompé ou détrompé, vieil oiseau répétant à qui ne l'écouterait pas une chanson usée. La pleine licence de mes désirs n'aurait pas ajouté une corde de plus à ma lyre, un son plus ému à ma voix. La contrainte de mes sentiments, le mystère de mes pensées ont peut-être augmenté l'énergie de mes accents, animé mes ouvrages d'une fièvre interne, d'une flamme cachée, qui se fût dissipée à l'air libre de l'amour. Retenu par un lien indissoluble, j'ai acheté d'abord au prix d'un peu d'amertume les douceurs que je goûte aujourd'hui. Je n'ai conservé des maux de mon existence que la partie inguérissable. Je dois donc une tendre et éternelle reconnaissance à ma femme, dont l'attachement a été aussi touchant que profond et sincère. Elle a rendu ma vie plus grave, plus noble, plus honorable, en m'inspirant toujours le respect, sinon toujours la force des devoirs. »

Hélas! il n'y a pas de Josué capable d'arrêter le soleil des jours heureux! — Pauvres cigales, la bise souffle et la fourmi ne vous ouvrira pas sa porte; vous voilà condamnées à vivre avec vos regrets, dans un lamentable tête à tête.

On se demande vraiment s'il n'est pas plus malin d'être un vieux serin de bourgeois, ayant sa femme à lui tout seul, qu'un joli crevé condamné à boire à tort et à travers dans la coupe d'autrui.

*
* *

Il n'en est pas toujours ainsi, nous dira-t-on ; beaucoup échappent à la mêlée et s'en retirent sans trop de horions. Je n'en disconviens pas ; mais quelques rares exceptions ne sauraient infirmer la règle. Quand on n'est pas sobre au festin des caresses, quand on met les bouchées doubles et qu'on abuse des hors-d'œuvre pimentés, on s'expose fatalement à des indigestions. Quelques estomacs robustes peuvent résister pour un temps à ce régime trop épicé et trop copieux ; ils finissent tôt ou tard, comme les autres, par le dégoût et la nausée.

Voici, d'ailleurs, quelques échantillons des privilégiés, forçats libérés du plaisir, qui sont censés avoir résisté à la tourmente et qu'on cite à titre d'encouragement. Ils sont représentés dans cet essai d'entomologie, je veux dire dans l'inventaire rapide et forcément incomplet qui suit :

1° Par les calvities précoces, par les favoris symétriquement jardinés de tout un essaim de Céladons à la réforme, peints, teints, très experts en l'art d'accommoder les restes, dont le caractère grincheux et les manies enfantines font la stupéfaction de leurs compagnons.

Ils ont vingt, trente ans de noctambulisme et de polygamie dans les veines. Ils ont fêté tous les cabinets particuliers connus, avec quelques douzaines d'huîtres des deux sexes, et connu les joies délirantes de tous les oreillers cotés. Leur tête ne contient plus que le vide accumulé des lendemains d'excès.

L'œil est noyé, la démarche incertaine; le Champagne à pleins verres leur a donné la gastrite; les chansons à plein gosier leur ont éraillé la voix; les baisers à pleines lèvres leur ont procuré des désagréments plus graves encore. On les rencontre de préférence, dans la grande foire de ce monde, autour des tables de baccara, où ils en imposent encore aux badauds, surtout lorsqu'ils ont la colonne vertébrale bien soutenue.

2° En descendant l'échelle du gâtisme, nous rencontrons une autre série de damerets caducs, bedonnant et émasculés, qui auraient mérité d'être incinérés sur les feux de Gomorrhe. Ils ont pour spécialité, à l'instar des militaires retraités, de raconter avec des tarasconnades grasseyantes dans la voix, leurs exploits passés, devant les petits jeunes gens qui débutent.

A les entendre, ils auraient eu les faveurs de toutes les dames du Bottin galant, dont la vogue s'acquiert bien plus à l'ancienneté qu'au choix. Véritables bourreaux des cœurs, dompteurs des belles féroces, ils auraient fait des hécatombes de victimes et chiffonné toutes les jupes de gaze du corps de ballet (souvent des balais sans corps).

Chacun de ces pères nobles, sans enfants, devient tôt ou tard une utilité, par exemple le quatrième au whist ou le quatorzième des dîners où l'on serait treize à table. Il ne leur reste ni le babillage d'un enfant pour remplir leur solitude, ni un confident pour leur maturité, ni un bras pour leur vieillesse. Ils ne doivent pas même compter sur une larme sincère, pour leurs derniers moments.

Faisons comme leurs prétendus amis, abandonnons-les à leur lassitude et à leurs rhumatismes.

3° Il faut ranger dans une dernière catégorie, toujours plus bas, d'autres papillons encore plus délabrés.

L'anémie de leur bourse a pour corollaire celle de leur santé. Les vides de leur esprit égalent ceux de leur conscience. Tout est rouillé, lézardé, effrité et neutralisé en eux. Parfois, l'un de ces décavés, après une nuit crapuleuse ou dans le débraillement d'un souper de femme, sort un revolver de sa poche et finit comme Rolla. — Dix lignes de faits divers constatent l'entrée de ce petit rien dans le grand tout des matérialistes..... n-i-ni, c'est fini !

....

Vraiment, le spectacle n'est pas fait pour séduire et je m'imagine volontiers la mendiante effrontée de Gavarnie remerçiant ainsi une brave bourgeoise de son aumône : « Dieu garde vos filles de ces fils ! »

Pourquoi, a-t-on dit, ne leur fait-on pas payer la dîme de leur oisiveté, de leur inutilité, à ces parasites qui sont doublement les fléaux de la vie sociale, puisqu'ils la stérilisent ou ne l'alimentent que par la corruption ?

La taxe de la paternité, en l'an de grâce ou de disgrâce 1891, lorsque notre frontière est menacée, devrait être aussi obligatoire que celle du sang.

Albert Millaud a évalué à deux cents millions le revenu à prélever sur les célibataires, si on leur imposait, depuis vingt-cinq ans jusqu'à soixante, une taxe annuelle de cent francs, *comme moyenne.*

Il recommande de prendre pour base le loyer payé par chaque déserteur... de la famille et d'établir une échelle fiscale, proportionnée aux ressources de chaque individu.

A partir de soixante ans, ajoute-t-il, le célibataire pourrait être exempté sans injustice, parce qu'à ce moment il commencerait à souffrir. Le percepteur s'effacerait devant la justice de Dieu. Il suffirait à la vindicte sociale de savoir que le célibataire, perclus de douleurs, asthmatique, eczémateux, impotent, est seul chez lui, sans famille, sans enfants, soigné par une gouvernante cupide et entouré de neveux impatients, ou de cousins malintentionnés. Ce châtiment de l'égoïsme équivaudrait à une taxe morale, prélevée par l'agent satanique d'un fisc providentiel.

Il est à désirer que les hommes qui ne contribuent

pas à repeupler le pays servent à regarnir le Trésor; car, s'il y avait moins de célibataires envieux, haineux, vaniteux, il y aurait peut-être moins de gens enclins aux bouleversements.

Les enfants sont des modérateurs, et la femme qui a de l'ambition pour son mari et pour ses fils est, d'autre part, un excitant perpétuel, si bien qu'un bon ménage est l'idéal de l'ordre et du progrès.

Cela est très vrai et on ne saurait trop le répéter aux parents et aux maris confiants, qui accueillent chez eux des garçons, ces vibrions de l'espèce la plus dangereuse, dont il est prudent d'écheniller la maison. Qu'ils se souviennent de l'histoire du cheval Troyen, avant d'introduire l'ennemi dans la place!

Oui, on peut attribuer aux célibataires la plupart de nos plaies sociales et faire remonter indirectement jusqu'à eux ce travail latent, qui s'accomplit dans les bas-fonds de la démagogie et se traduit de temps en temps par des cataclysmes épouvantables.

Cela a l'air d'un paradoxe; vous allez voir qu'il n'en est rien.

Consultez, en effet, les statistiques du ministère de

la justice, l'état civil des déportés, des révolutionnaires à outrance, et vous verrez que presque toujours les coupables sont des individus sans famille, des enfants naturels. Parmi les récidivistes, le nombre des sujets non reconnus est de 3 sur 5 1/2, plus de la moitié. — Les célibataires fortunés prennent les filles du peuple, quand elles sont jeunes, et ne tardent pas à les abandonner, en leur laissant les charges si lourdes de leur égarement. — Que voulez-vous que devienne l'enfant qui naît de ces relations? — Ayant toujours connu la misère, n'ayant entendu parler de l'auteur présumé de ses jours que comme d'un lâche qui jouissait en haut, tandis que sa mère souffrait en bas, il en vient insensiblement à haïr la classe des heureux, ces classes dirigeantes, auxquelles il attribue les déboires de son existence. Avec ce levain de discorde, que des milliers d'individus dans le même cas se trouvent un jour armés, et ils ne tarderont pas à fomenter la guerre civile, dans l'espoir toujours illusoire de pouvoir s'asseoir à la table paternelle.

C'est là un des côtés les plus tristes de la question sociale; il est dissimulé par de prétendues revendications politiques, mais au fond il entre pour une large part dans les aspirations des innombrables bâtards, que la prostitution jette sur le pavé des grandes villes.

Voilà des considérations bien graves, me dira-t-on : Ne sont-elles pas justes ? N'est-il pas avéré que les progrès de la décadence des empires sont en rapport avec la multiplication des célibataires ?

A mesure qu'une nation marche vers sa ruine, le nombre des mariages diminue ; la population s'affaiblit, tandis qu'elle s'accroît chez les peuples dans la vigueur de leurs institutions, et lorsque la division des grandes propriétés permet à une multitude de petits cultivateurs parcellaires de se marier, de s'établir et de vivre en famille.

Voyez, pour preuve, Rome sous ses sages consuls et Rome sous ses féroces empereurs ; voyez la Grèce au temps des Aristide, des Léonidas, et la Grèce corrompue du Bas-Empire ; voyez surtout ce qui se passe chez nous :

Le nombre des naissances illégitimes est, par rapport aux naissances légitimes, dans la proportion de 4 à 7. Cette différence tend même à s'égaliser de plus en plus. On crée plus d'enfants naturels et on en reconnaît moins : « Le trait distinctif de la foule d'aujourd'hui est qu'elle vit au jour le jour, ne croyant aux lendemains, ni de cette vie ni de l'autre. Elle ne se préoccupe pas de ses héritiers. « Après moi, la destruction générale. » Ce fut le mot des empereurs de la décadence ; c'est le mot des peuples de la décrépitude. »

(IGNOTUS.)

En résumé, il faudrait élever les nouvelles générations dans cette idée, qu'à un moment donné, on paye chèrement et cruellement les plaisirs coupables.

On ne saurait suivre impunément la loi de Mahomet, qui permet à l'homme d'aimer toutes les femmes qu'il voudra, si son champ de maïs est assez grand pour les nourrir.

« J'ai été à même, dit Dumas, dans le *Fils naturel*, de voir de près les vices, les passions, les tendances des hommes. Ils sont dans le faux tant qu'ils sont en dehors de la famille, comme fils, comme époux, comme père. Le but de la nature est que l'homme ait beaucoup d'enfants, qu'ils les élève bien, pour qu'ils soient utiles et qu'il les aime bien, pour qu'ils soient heureux. Se marier, quand on est jeune et sain, choisir, dans n'importe quelle classe, une bonne fille franche et saine, l'aimer de toute son âme et de toutes ses forces, en faire une compagne sûre et une mère féconde, travailler pour élever ses enfants et leur laisser en mourant l'exemple de sa vie, voilà la vérité. Le reste n'est qu'erreur, crime ou folie. »

Si j'insiste à satiété, si j'ai poussé au noir mon réquisitoire contre les célibataires, c'est que je voudrais en arracher le plus grand nombre au Minotaure; c'est que je voudrais les ramener au port, avant qu'il ne soit trop tard. C'est toujours avec stupéfaction que je les vois hésiter à trancher les lianes parasites qui les garrottent et les étouffent; se faire prier pour saisir la main d'une Ariane, qui les aidera à sortir du labyrinthe malsain où ils se sont fourvoyés. — Après avoir immolé le meilleur d'eux-mêmes entre les griffes de mademoiselle n'importe qui, dans des liaisons sans grandeur et sans dignité, ils redoutent de se convertir à une foi nouvelle, lorsqu'on veut leur offrir, en compensation de tous leurs déboires, des consolations brunes ou blondes ! Ils font comme le gars des noces de Jeannette qui trouve plaisir à frétiller autour du oui nuptial, comme un poisson qui flaire l'hameçon, sans jamais y mordre

On leur propose un baptême régénérateur, à ces beaux muguets qui ont gaspillé une partie de leur vie, qui l'ont semée partout sans la fixer nulle part, et ils se font encore tirer l'oreille !

A toutes les sollicitations, ils répondent par l'air de Rachel dans *la Juive* : « Je suis jeune et je tiens à la vie ! »

Ils devraient s'estimer trop heureux de pouvoir placer, à gros intérêts, le capital si ébréché de leurs avantages.

Ne sont-ils donc pas rebutés de la table d'autrui, parfois si peu commode, si peu hospitalière, où il faut prendre ses repas en toute hâte et à la dérobée ?

Ne sont-ils pas fatigués de leurs faux bonheurs, qui, comme les fausses dents, laissent toujours à désirer;

de leurs monotones cantilènes, dont le refrain est toujours une note à payer?

Il y aurait de quoi les abandonner à l'âcreté de leur bile et à leur mauvaise constitution, comme dit Purgon, si on ne savait pas tout ce que leur passé mahométan contient fréquemment de plaies vives, qui ont besoin d'être cicatrisées.

On ne cueille pas impunément des roses, puisque roses il y a, sans être meurtri par les épines.

Le vin de leur cave n'est le plus souvent que du clairet. Leur paradis de carton et de convention n'est semé que de fleurs artificielles, c'est-à-dire sans parfums.

Leur roman ne mérite même pas une reliure, car c'est inévitablement la même histoire : Manon qui ne veut que du plaisir et des passe-temps, Manon qui aime mieux les billets de banque que les billets doux, est aussi indépendante que les États-Unis; mais elle change plus souvent de président.

Vraiment, ces Amadis repus sont bien à plaindre, parce qu'une belle jeune fille, tendre et bien élevée, assez naïve pour se laisser encore griser avec les parfums éventés de leurs déclarations, consent sans réticences d'âme, à leur faire oublier les tromperies et les lettres sans orthographe des dames équivoques, sans personnalité, qui ont exploité leur jeunesse; à vivre de leur vie, de leurs sensations, de leurs songes, à aimer tout ce qu'ils aiment en un mot et leur mari en plus.

On fait luire à leurs yeux fatigués un Eden tout neuf, abondamment pourvu de primeurs et d'aimables surprises, et ils ne craignent pas d'imiter Ponson du Terrail, qui suspendait sans doute l'intérêt avec beaucoup d'art, mais renvoyait toujours le dénouement au lendemain.

Leur témérité mériterait qu'ils fussent comme Satan, précipités des cieux, et qu'après les avoir abandonnés sur leur radeau démâté, on se moquât d'eux comme les courtisans tournent en ridicule la douleur de Triboulet, le jour où un sentiment trop tardif les décide à rompre avec le passé.

. . . .

Je n'ai visé jusqu'ici que les célibataires de parti pris; il en existe qui, bien malgré eux et pour les raisons les plus louables, restent à l'écart du mariage.

Je ne voudrais pas ressembler, à leur sujet, à ce financier légendaire qui venait de dîner chez Bignon et marchait, l'estomac heureux, le ventre calme, rêvant de coups de bourse fabuleux. — Il est accosté par un malheureux qui lui tend la main, disant : « Par grâce, monsieur, je n'ai pas dîné ! » — Le financier distrait, frappé seulement, l'excellent homme, par le dernier mot de la phrase, lui répondit obligeamment : « Allez au Café Riche, on y dîne très bien. »

Oui, je sais qu'il y a des célibataires que l'impénitence finale désole et qui y vont pourtant sans pouvoir s'en défendre, en ramassant en désespérés les miettes des amours disparues, parce qu'ils n'ont pas la fortune nécessaire pour obtenir la femme qui leur conviendrait. — Il faut les estimer de préférer le célibat au marchandage, de ne pas vouloir vendre leur nom honnête, ni se donner à des femmes plus que mûres.

Ces célibataires, m'écrivait naguère un de mes bons amis, sont plus malheureux que dangereux ; il faut leur tenir compte de leur réserve et ne pas trop les malmener. Plus d'un pense, comme Lambert Thiboust,

> Que c'est bien ennuyeux ce million qui manque,
> Et que, quand on s'en va, le gousset vide, errant,
> Il est de mauvais goût aux garçons de la Banque
> De promener leur sac d'un air indifférent!

Garçon de la banque — le monsieur qui promène sa femme dans la foule et regarde tout le monde d'un air assuré, qui semble dire : « Je suffis au bonheur de cette petite personne-là... »

Garçon de la banque — celui qui traîne à son bras une jeune femme au ventre déformé, et qui semble affirmer d'un sourire béat que les nuits conjugales qui ont eu ce résultat étaient bien agréables... pour lui.

Garçons de la banque — enfin, tous ceux qui se font suivre d'un tas de mioches, jolis comme des anges, et les mènent voir prendre des glaces par les vieux garçons, devant le Napolitain de l'endroit.

Heureux encore si les gens mariés, après avoir promené tout le jour leur femme et leurs enfants, ne vont pas, pour se délasser de l'obligatoire bonheur conjugal, caresser quelque ribaude, qui faisait le bonheur d'un vieux garçon.

Tout cela n'arriverait pas, si l'on pouvait acheter, pour un prix raisonnable, une jeune personne bien constituée et la faire garder, dans une maison close, par un... domestique sûr.

Peut-être aussi, a dit Ignotus, vaut-il mieux que ce travailleur ou cet artiste vive seul sur le grand pavé de Paris. Peut-être vaut-il mieux que ce pauvre ne soit pas gêné par un baiser de femme légitime ou par des cris d'enfants légaux, quand il mettra sa vie dans une grande cause ou dans une grande œuvre.

A coup sûr, le mariage est l'état préférable. Les hommes devraient être comme les oiseaux qui tous font des nids; mais dans bien des cas, dont la cruauté économique de notre temps augmente le nombre, il vaut mieux que certains hommes restent seuls. La lutte pour la vie est plus facile à l'homme isolé.

Je les plains cependant, car ils seront punis comme les vrais coupables, avant de mourir; ils marchent vers un désert... au bout de la route... l'isolement de la fin!

CHAPITRE III

CE QUE DEVRAIT ÊTRE LE MARIAGE

DANS un grand nombre de comédies modernes, où le mariage est le dénouement prévu, les quatre ou cinq actes qui les composent sont presque toujours consacrés à poursuivre et à traquer un garçon, qui se compromet à plaisir et croque toutes les pommes qu'il aperçoit sur sa route. — On parvient enfin à décrocher cette timbale vide et bosselée, à faire tomber monsieur dans la chausse-trappe du conjungo, lorsqu'il est las de demander asile

> Au temple hospitalier de la Vénus facile,

et on le jette dans les bras d'une innocente, après qu'il lui a récité par cœur ce qu'il sait de rimes passionnées.

L'ingénue se laisse faire avec une sorte de sentimentalité et de curiosité; car elle est restée prudemment dans la coulisse, sous l'œil vigilant de papa et de maman, pendant la chasse au mari. Elle ne connaît heureusement pas le phénix promis à son cœur, lequel, après avoir traîné partout, chez toutes les courtisanes d'ordre ou de désordre supérieur, n'aspire plus (les créanciers aussi) qu'à reprendre au sexe féminin, sous la forme d'une belle dot, tout l'argent qu'il lui a prodigué.

Eh bien! je trouve le théâtre d'autrefois bien plus digne. — Ne serait-il pas temps de revenir à ces traditions chevaleresques, où le héros principal se consacre tout entier à se rendre digne de celle qu'il aime. — C'est pour sa promise qu'il recherche la gloire et même la fortune. — Son amour sera le couronnement d'une carrière noblement remplie.

Aux heures de lutte et de tentation, l'ombre flottante de la fiancée, comme un Mentor invisible et charmant, murmure ces mots à l'oreille de son futur époux : « attends-moi, » et il n'en faut pas davantage pour prévenir les chutes irrémédiables.

Enfin il a triomphé de tous les obstacles, il vient recevoir la récompense de ses fatigues, de ses efforts, et la bien-aimée, rayonnante de joie et d'orgueil, est heureuse d'appartenir à celui qu'elle considère comme digne entre tous.

Il faut faire justice de ce mauvais dicton, qui prétend que pour plaire à la femme, il faut d'abord avoir plu aux femmes : — Ça, c'est de la morale de la rue du Sentier. Ce qui est beaucoup plus vrai, c'est que pour aimer une honnête jeune fille, comme elle mérite de l'être, il faut avoir mérité d'être aimé d'elle.

Certes, sans désirer que Jacob eût de nouveau à garder les troupeaux pendant quatorze ans, pour conquérir Rachel, nous serions bien meilleurs si notre civilisation avancée (avancée à la mode du gibier) permettait à nos filles et à nos sœurs d'imposer un stage aux soupirants. Ils feraient leurs preuves et montreraient ce dont ils sont capables pour s'élever à la dignité de père et d'époux.

Au XVIIIe siècle, toute jeune fille de la bourgeoisie ne prononçait le oui décisif qu'après des épreuves capables de la fixer sur l'attachement et les qualités de son futur mari. Elle prenait plaisir à recevoir ses hommages et il fallait une longue suite de visites et une cour filée, pour qu'elle lui permît d'aller acheter, au Quai des Orfèvres, l'anneau et la médaille de mariage. (V. *Mémoires de Mme Roland.*)

S'il en était encore ainsi, le mariage cesserait d'être une brutale prise de possession, où l'homme, gâté par de trop faciles étreintes, ne prend même plus la peine de graduer les révélations, de ménager son trésor et de s'en emparer pièce à pièce. Il envisagerait les femmes non pas uniquement comme des compagnes de plaisir, mais avant tout comme des compagnes de devoirs. Ce rôle les transfigurerait à ses yeux et il n'aurait que mépris pour ces tristes créatures, qui font au domicile conjugal des économies de tendresse, pour se livrer ensuite au dehors à des prodigalités coupables.

Leur nombre est heureusement assez restreint, malgré Balzac, pour donner courage aux plus timorés.

D'ailleurs, l'auteur d'Eugénie Grandet a eu beau nous décrire la femme sous ses aspects divers, dans ses atours, dans son négligé intérieur; il la voit en vain dans la réalité, l'habille et la déshabille inutilement. Le nombre des épouses dignes de respect l'emporte beaucoup sur celui des femmes criminelles, qu'il a émises sur la place littéraire.

Il est juste de dire, pour établir la mesure du vice, qui entre à ses yeux dans la composition des mœurs, qu'il s'est trouvé riche de plus de trente-six femmes méritantes et pauvre de vingt femmes coupables tout au plus.

Dans l'une des premières éditions du Père Goriot, Balzac déclare même qu'il a négligé de compter beaucoup de femmes vertueuses, qu'il a mises dans l'obscurité, comme elles y sont en réalité.

Je revendique hautement une pareille statistique.

On a l'habitude de ne hisser sur des tréteaux, qu'elles prennent pour des piédestaux, que les drôlesses à la mode, et on laisse dans l'ombre où elles se complaisent, près des berceaux et du siège de l'aïeul, des milliers de nobles créatures. Ces dernières ne se doutent pas que, « pour bien des infortunées, l'idée du devoir éveille l'idée de contrainte et légitime toutes les révoltes. Elles se sentent à l'aise dans le bien. La vertu n'a pour elles que des sourires. Toutes ne sont pas favorisées. N'ont-elles pas d'ailleurs une part des douleurs d'autrui, qui s'ajoute à la leur? Mais de salutaires espérances les soutiennent. Elles demandent aux seules joies intimes un bonheur légitime et durable et n'ont pas besoin de proclamer leur joie pour se croire heureuses. » (QUATRELLES.)

*
* *

Il n'y a pas de femmes sûres, dit-on. Ce sont les célibataires qui font courir ce bruit-là. On m'objectera qu'ils sont aux premières loges pour le savoir, quand ils ne sont pas en scène.

Qu'est-ce que cela prouve, puisque ce sont toujours les mêmes actrices qui brûlent les planches. Tous ces prétendus critiques, en vivant dans ce monde factice, se figurent qu'il est l'expression de la réalité. De là à généraliser, il n'y a qu'un pas, et ce pas, ils le franchissent prestement, sans aucun souci de la justice ni de la vérité. Cela rappelle les exploits des hercules forains, à qui rien ne résiste, parce qu'ils ne s'attaquent qu'au personnel de leur théâtre.

Les mauvais exemples seraient, d'ailleurs, encore moins nombreux, si le sexe qui se dit fort, sans le prouver, voulait bien se souvenir du conseil suivant, donné par un père à son fils : « Quand tu rencontreras une femme, après comme avant ton mariage, si elle est en bas, tâche de la faire remonter; si elle est en haut, ne la fais pas descendre. »

Nous avons dans les veines un peu de sang des troubadours d'autrefois. Dans la conversation d'un homme et d'une femme, il y a toujours un bout de déclaration qui voltige dans l'air.

Deux personnages chinois et en porcelaine peuvent, a-t-on dit, se regarder éternellement d'un bout d'une cheminée à l'autre, sans se rapprocher, surtout s'il y a une pendule entre eux; mais un Français et une Française, en chair et en os, il ne faut pas y compter. Supprimons alors la cheminée, c'est-à-dire les occasions dangereuses, et multiplions les pendules, c'est-à-dire les obstacles.

Il y aurait encore mieux à faire, ce serait de ne se laisser guider que par un sentiment élevé, sans possibilité de compromis.

Le vocabulaire insidieux, la pruderie élégante et inconséquente des salons, ont le grand tort de n'accorder qu'une estime glaciale à la vertu et de déifier le vice, sous mille noms provocants, avec des tirades ardentes et enthousiastes.

Tort plus grave, aux yeux des élégants et des élégantes, il semble que l'amour conjugal soit un amour roturier, presque avilissant, fait pour les petites gens, capable de compromettre la réputation d'un homme ou d'une femme *usagés*.

Un mari *comme il faut* serait ridicule d'aimer sa femme, sous prétexte que c'est une pratique bourgeoise. Mais alors vive la bourgeoisie; honneur à cette bourgeoisie qui pense qu'on ne saurait se marier trop jeune, et qui veut qu'on ait toujours vingt ans pour sa femme.

Ces théories effrontées et commodes ne comportent plus d'autre retenue que le respect du public. Pourvu qu'on évite l'éclat, le scandale, cela suffit.

Il est admis dans les cercles que, sans les instincts polygamiques de leurs habitués, les actrices manqueraient de toilettes et les danseuses de diamants;

aussi ces messieurs ne se gênent guère pour aller... à la campagne.

Une pareille tolérance, je devrais dire complicité, explique comment certaines personnes n'admettent guère un ménage, sans donner au mari un... coadjuteur.

Fût-il l'ami et l'obligé du mari, Joseph, en résistant aux séductions de la femme de Putiphar, est honnête; mais la morale mondaine, qui est faite par je ne sais qui (par des femmes de quarante ans, sans doute), le décrète d'inconvenance, lui et son manteau.

Ces conventions couvrent malheureusement une véritable cécité psychique.

Le mot devoir devient, par suite, un mot à double entente, un terme ambigu qui réserve comme un droit l'infidélité à l'homme et laisse à la femme les bénéfices outrageants d'une contrebande bien dissimulée.

Ce doute railleur qui remplace les convictions, cette tolérance de bon goût, sous laquelle se masque une frivolité excessive, brisent peu à peu tous les ressorts de l'âme et la rendent incapable de résolutions énergiques. On s'avoue vaincu, avant d'avoir essayé la lutte. Le travail dissolvant se poursuit insensiblement : on y passe tout entier!

CHAPITRE IV

DE L'INFLUENCE FAVORABLE DU MARIAGE AU POINT DE VUE DE LA LONGÉVITÉ

Jusqu'ici, j'ai exposé les avantages moraux du mariage. Je vais maintenant prouver, par des chiffres, son action heureuse sur la longévité humaine.

M. Bertillon a démontré, à l'aide de documents publiés par tous les États d'Europe, l'influence essentiellement favorable de l'association conjugale soit sur la santé, soit sur la moralité des deux sexes. — Suivent quelques chiffres qui établissent cette vérité d'une façon indiscutable.

Si l'on considère le sexe masculin, on voit que de 25 à 30 ans, 1.000 époux fournissent 6 décès, 1.000 célibataires, 10 décès, et 1.000 veufs, 22 décès. — De 30 à 35 ans, 1.000 époux fournissent 7 décès; 1.000 célibataires, 11 décès 1/2; 1.000 veufs, 17 décès 1/2, et ainsi de suite à tous les âges suivants. L'homme marié continue à mourir moins facilement que le célibataire, et, s'il meurt moins, c'est qu'il est moins malade, c'est qu'il souffre moins de toute manière.

Cette heureuse influence se montre dans tous les pays où on peut l'étudier; à partir de la vingtième année, elle se poursuit à tous les âges de la vie et ne cesse qu'avec elle.

Comment expliquer cet avantage inhérent au mariage? Dirons-nous que le mariage appelant les plus fortunés, les plus rangés, les mieux portants, il n'est pas étonnant qu'ils vivent plus? — Mais comment expliquer ensuite la mortalité si considérable qui, à tout âge, en tous pays, saisit le veuf? Ces veufs, époux de la veille, étaient bien aussi les choisis, les élus du mariage, mais c'était si bien lui et non leurs qualités supérieures qui faisaient leur force, que, l'union rompue, ils sont frappés par une mortalité plus rapide encore qu'avant leur mariage.

Les mêmes statistiques prouvent que les mariages hâtifs, conclus avant vingt ans, constituent un danger redoutable. Partout les jeunes époux de 18 à 20 ans meurent comme des vieillards de 65 à 70 ans. — Il faut donc en conclure que l'usage prématuré des sens est le plus sûr moyen de s'inoculer la vieillesse. — Un autre détail non moins curieux, c'est que, pour l'organisme comme pour l'esprit, l'hymen chez la femme retarde la vieillesse et en allège les misères. C'est en vain que les vieilles filles se sont privées des joies de l'amour, se sont dispensées des dangers de la maternité : contrairement aux idées reçues, elles sont plus fragiles et plus maladives que les femmes qui ont payé leur tribut à la nature.

Le célibat exerce une si funeste influence sur les facultés intellectuelles de la femme, que, dans tous les établissements d'aliénés, le nombre des filles ou femmes non mariées est tout à fait hors de proportions. — Dans le rapport fait en 1822 sur l'hospice de la Salpétrière, à Paris, on trouve que, sur 1.726 aliénées, 1.289 étaient filles. D'autre part, Falret s'est assuré, par ses recherches dans les registres de décès de plusieurs capitales que, sur 100 suicides, on comptait 67 célibataires.

Les statistiques criminelles sont aussi fort éloquentes. Le ministère de la justice a constaté les résultats suivants pour l'année 1878 :

« Si l'on envisage les accusés sous le rapport de leur état civil, on relève 2.441 accusés (55 o/o) célibataires ; 1.650 (38 o/o) mariés ; et 323 (7 o/o) veufs.

Ces chiffres, comparés à ceux de la statistique générale, donnent 33 accusés sur 100.000 célibataires adultes (18 ans pour les hommes et 15 ans pour les femmes), 11 accusés sur 100.000 habitants mariés, et 11 accusés sur 100.000 veufs ou veuves. »

En général, le célibat paraît moins favorable à la longévité que le mariage, parce qu'une vieillesse pour ainsi dire abandonnée, sans enfants, sans société, sans secours des proches, qui n'aspirent au contraire qu'à jouir des dépouilles du parent décrépit, loin d'entretenir la vie par des secours affectueux, ne tend qu'à en abréger le cours.

L'inutilité de l'existence semble l'abréger chez toutes les personnes qui vivent dans l'isolement. Aussi toutes les filles âgées cherchent-elles à se rattacher à la vie par les enfants, dont elles aiment à prendre soin.

Lorsqu'elles ne peuvent pas remplir ce rôle de mère tout platonique, l'ennui ne tarde pas à provoquer un profond dégoût de la vie; alors même qu'elles possèdent largement le bien-être physique, combien n'a-t-on pas vu de filles célibataires devenir folles, tantôt par des terreurs religieuses, tantôt par des vœux bizarres ou des amours fantastiques pour des êtres enfantés dans leur imagination! Tel est le vide de leur cœur qu'elles s'attachent à des chimères, lorsque la réalité manque à leur sensibilité. — L'homme dissipe par l'exercice, le travail *ou autrement*, la vigueur surabondante de son organisme; la femme, plus sédentaire et plus retenue, conserve en elle des éléments nombreux de maladies. Il n'est donc pas étonnant ensuite que son système nerveux soit le jouet d'une vitalité qui erre et s'exerce sur mille choses, les plus futiles comme les plus sérieuses.

En somme, conclut M. Bertillon, « l'association conjugale, pourvu qu'elle ne soit pas trop hâtive, est salutaire aux deux sexes, surtout en France et à Paris; cependant c'est l'homme qui bénéficie le plus de cette union. Pour la femme, en effet, les dangers de la parturition suffisent à neutraliser ces avantages.

« La comparaison de la vitalité des femmes mariées et des veuves au delà de 60 ans d'âge, avec celle des filles restées célibataires est fort significative. Elle atteste que les dangers de la maternité, dont nous avons constaté l'effet aux âges de la fécondité et surtout chez les primipares, ne se prolongent pas au delà de ces âges. Autrement dit, et contrairement aux préjugés, une femme qui, par le célibat, a pu dérober ses organes aux fonctions qui leur sont propres, qui a sevré sa jeunesse des voluptés de l'amour, des labeurs et des joies de la maternité, n'a pas, pour cela, prémuni sa vieillesse contre les causes de la mort qui lui sont propres; au contraire, elle y reste plus exposée, notamment en France et à Paris. L'amour et la maternité, dans les conditions salutaires du mariage, bien loin d'user la vie, la conservent, la protègent dans le présent et l'avenir, puisque, en France, les mères de famille, épouses ou veuves, à chaque période de leur existence, après l'âge de 25 ans, payent un moindre tribut à la mort que les jeunes gens et vieilles filles aux mêmes âges. »

CHAPITRE V

LES ENFANTS ET LA MATERNITÉ — LE VRAI ROLE DE LA FEMME DANS LA SOCIÉTÉ

Il est temps de quitter les régions orageuses, où se ruinent tant de santés et tant de bourses, pour aborder des sphères plus sereines. Je serais tenté de m'écrier, comme Favrolles dans Dora : « Que cela fait donc plaisir de se retrouver entre honnêtes gens ! »

En réalité, il n'y a pas de salut en dehors de nos intérieurs, en dehors de cette atmosphère saine où la conscience garde toute sa clairvoyance et toute sa sérénité.

C'est là seulement que l'on peut être l'objet de l'élection secrète et pure d'une âme qui s'éveille, là que l'on trouve des jeunes filles dont le cœur est une page blanche, où l'époux pourra tracer tout ce qu'il voudra ; là que l'on peut vivre avec le respect de soi-même, avec la bienséance de la virilité et la dignité de l'âge mûr..

C'est là enfin et exclusivement que la femme est bien équilibrée, tendre, vraie, respectable et digne d'admiration, *qu'elle est mère*, et ne recule pas devant les devoirs et les douleurs de cette touchante prérogative, qui la fait participer à la toute puissance créatrice.

C'est tellement la raison d'être de la femme, qu'il n'en est pas une, même parmi les moins dignes, qui ne se sente troublée à la vue d'un berceau, et n'ait au moins, un instant, un vague désir de maternité. En ceci, elle ne fait qu'obéir à un instinct sacré, que rien ne peut détruire complètement.

Elle peut ignorer les maternelles délices et se sentir mère parfois.

On a vu les actrices les plus adulées, les plus fêtées, avoir la nostalgie du foyer et renoncer à la vie de théâtre, en pleine floraison de talent, en pleine gloire, en laissant d'inconsolables regrets, pour se consacrer entièrement à un petit être, qui sera bientôt capable de pensée, de tristesse et de rêve, pour dépenser leur cœur en amour maternel. — Ce bébé bien frais, dont la tête toute neuve est encore obscure, dont la demi-nuit est à peine traversée par d'instables et confuses visions, c'est l'avenir, et elles oublient volontiers leur passé pour lui.

Les plus insouciants s'arrêtent, troublés, devant cette fleur de vie, qui s'effeuillera si vite, devant cette esquisse d'être, qui les regarde de ses yeux vagues et bleus, de ce bleu adorable qui prouve bien que les enfants viennent du ciel, miroir attendant l'image, source où ne se mire aucun nuage. — Avec quelles précautions ils prennent dans leurs bras ce joli fardeau rose, enrubanné de choses blanches et si rafraîchissant à voir ; ils adoucissent leur voix pour faire gazouiller cette petite bouche aux dents de lait ; ils sont rajeunis et purifiés à son contact.

Ce sourire, c'est l'épanouissement de cette petite nature fraîche qui s'entr'ouvre ; il exprime son ravissement étonné à découvrir peu à peu les choses du monde : « Et nous, les parents, belles dupes que nous sommes, nous le guettons, nous le buvons pour griser notre fantaisie. — Ce qui est bien sûr, en revanche, c'est que ce sourire nous donne mille joies. A la longue il devient tout nous-mêmes; il contient toute notre soif de bonheur, tous nos élans de tendresse, tout le bien qu'il y a en nous. Il est notre affection qui rayonne et notre bonté qui s'égaye. Et que de mystères il nous a déjà révélés! — Au fond, nous étions deux égoïstes. Vivant l'un pour l'autre, nous fermions les yeux à tout l'*étranger* qui tournait loin de notre axe, nous éloignant toujours plus de la mêlée humaine, et voilà que ce petit être, devenu centre à notre place, nous rattache à ces réalités que dédaignait notre rêve. » (E. Rod.)

Créée pour être mère, la femme est invariablement maternelle. C'est une remarque de M. Maxime Du Camp, pleine de vérité et de profondeur : « La femme est née mère et elle reste mère. » Petite fille, elle l'est avec sa poupée; vieille femme stérile, elle l'est avec les nourrissons; sœur de charité, sœur Augustine, sœur de Sainte-Marthe, elle l'est avec les malades; sœur de Marie-Joseph, elle l'est avec les pestiférées de Saint-Lazare; sœur de Saint-Thomas de Villeneuve, elle l'est pour les repenties du Bon-Pasteur; sœur de la Présentation de Tours, elle l'est pour les vagabonds de Villers-Cotterets.

On ne peut vraiment se représenter le foyer sans l'enfant au sein de sa mère; il faut même l'entendre dans le sens réel du mot, car une mère qui ne nourrit pas n'est mère qu'à moitié.

Je n'admets, pour mon compte, la vie à deux, douce, heureuse, pleine de joies infinies et renaissantes, que si les enfants viennent demander leur part de tendresse commune. L'enfant absent, il y a un mari et une épouse, mais la famille n'y est pas. Il faut cette rallonge à toute table patriarcale.

Un mariage a beau être béni à tous les points de vue, il semble qu'il n'a pas reçu sa sanction définitive tant que Madame garde sa taille de guêpe.

On peut bien s'aimer, sans doute, au singulier et au pluriel, sans bébé, mais ce n'est plus la même chose.

Le couronnement, c'est ce sourire du logis, « cet enfant, miroir vivant où les époux se regardent renaître et se revoient grandissants, lorsqu'ils se voient vieillir. » (J. CLARETIE.)

C'est le point délicieux où leurs cœurs se touchent, le terrain neutre, où, de part et d'autre, on dépose ses baisers.

Le plus sceptique de nos écrivains, Guy de Maupassant, est lui-même obligé de s'incliner : « On reste ému, dit-il, devant cette larve d'homme, comme devant un mystère ineffable, l'incarnation d'une âme nouvelle, le grand mystère de la vie qui commence, de l'amour qui s'éveille, de la race qui se continue, de l'humanité qui marche toujours. »

Il est si beau, l'enfant, avec son doux sourire,
Sa douce bonne foi, sa voix qui veut tout dire,
Ses pleurs vite apaisés,
Laissant errer sa vue étonnée et ravie,
Offrant de toutes parts sa jeune âme à la vie
Et sa bouche aux baisers!

Dans un des romans de G. Ohnet, *Volonté*, l'héroïne, Hélène Hérault, se confine dans sa maternité avec un orgueil triomphant. Dans son admirable stoïcisme, elle semble dire à sa rivale, Mme Olifaunt : « Tu m'as pris mon mari, mais tu ne peux pas me prendre mon enfant. Ton amour est enivrant, mais il est stérile; tu as goûté toutes les joies, mais il en est une qui te sera inconnue, c'est celle qui fleurit, chaste et divine, dans le cœur des mères. — ... Si mon mari me délaisse, il me restera mon enfant, qui, lui, ne trahira pas la tendresse que je lui ai vouée, et qui suffira à emplir ma vie! »

Une fille surtout, pour plus d'un libre penseur, comme pour le docteur Rameau, c'est, sur la terre, la divinité qu'il se refusait à admettre dans le ciel.

Se survivre, avoir des enfants, les élever, faire souche d'honnêtes gens, voir sa race brancher et fleurir, est une des fins de la vie.

Il manque généralement aux amours profanes cette consécration suprême; ce qui n'a rien d'étonnant, puisque l'herbe ne croît pas sur les grands chemins.

La femme n'est tout à fait femme que lorsqu'elle est mère; elle devient alors une poésie vivante, avec grande et petite édition : La vierge est comme une belle fleur sans parfum, mais lorsque la jeune mère berce sur ses genoux son joyau, sa chère poupée, elle resplendit d'un éclat particulier et domine de cent coudées notre misérable égoïsme. On devrait la saluer au passage comme un être que consacre un reflet divin!

On se figure volontiers que cet enfantelet a des

ailes, quoiqu'elles ne soient pas apparentes; on n'ose pas le dire, mais on le pense, en dépit de la sage-femme, qui s'en rapporte à l'anatomie,

Et les plus tristes fronts, les plus souillés peut-être
Se dérident soudain à voir l'enfant paraître.

*
* *

Chose singulière! ce sentiment si puissant, si pur, si beau, de l'amour maternel, qui a sa source dans les entrailles mêmes de la nature, ne semble pas avoir été compris par les anciens peuples comme il l'est de notre temps. Ni les poètes, ni les arts plastiques ne le célébrèrent. Les Grecs, qui ont divinisé tant de choses, n'ont point trouvé de personnification pour la mère, et ne lui ont point donné place dans leur Olympe..... La femme n'est rien non plus chez les Romains, ou du moins elle n'est rien comme mère et comme épouse, comme créature douée d'intelligence et de sentiment. Elle n'existe qu'à l'état de Vénus, c'est-à-dire de volupté.

Cherchez dans votre mémoire quelque statue, quelque groupe, quelque bas-relief, qui représente la femme et son fruit, qui indique cet attachement et cette solidarité de deux êtres : vous ne retrouverez que Cupidon aiguisant ses flèches, un petit Bacchus entre les nymphes, comme le Moïse juif entre les filles de Pharaon, le Faune à l'enfant, Romulus et Rémus allaités par une louve, une singulière nourrice, on en conviendra. — Voilà tout.

C'est le christianisme qui a donné dans l'art, à la mère, à l'épouse, la place à laquelle elle a droit. Que de chefs-d'œuvre ont été faits avec ce symbole! — Tout le Moyen-Age s'en inspira. — Du VIIIe siècle au XVIe, l'art chrétien se résume presque dans la Vierge et l'Enfant. A la Renaissance, c'est encore la femme mère et pure qu'aima Raphaël et que glorifia la peinture, comme la sculpture. Cependant, il faut le remarquer, la famille telle que la figure le christianisme est encore fausse et insuffisante : l'homme en est absent. L'époux est un être mystique, invisible, que Joseph ne personnifie nullement. Ce n'est qu'à partir du XVIIe siècle, avec le progrès des idées philosophiques, que l'art nous donne une représentation complète de la famille. Dans les toiles de Greuze, de Chardin, dans celles des peintres hollandais, on assiste au spectacle des intérieurs paisibles, à la grâce tranquille du ménage, aux joyeux ébats d'enfants roses et joufflus près de leurs parents. Mais si ces œuvres montrent une réalité plus intime et plus vivante, elles perdent la grandeur du symbole et la poésie éloquente, expressive, que la religion avait élevée si haut.

*
* *

Ceux qui nient le bonheur ne l'ont pas cherché où il est, entre une table de travail et un berceau. Un enfant est le seul être qu'on aime plus que soi-même. C'est le type divin qui disparaît plus ou moins en grandissant; mais qui, durant quelques années, nous ramène à la possession d'un idéal sur la terre. Aussi, comme dans la scène touchante de la crèche de Nazareth, où l'on s'agenouille devant le nouveau-né, avec des présents d'or, d'encens et de myrrhe, les parents mettent à ses pieds des trésors de tendresse et de dévouement :

Ils prennent notre vie et ne s'en doutent pas,
Et n'ont qu'à vivre heureux pour n'être point ingrats.

Les autres amours finissent toujours par nous lasser; leur miel se change en fiel; l'amour des enfants répond seul à l'attente éternelle et confuse de notre cœur. — Leur arrivée produit l'effet d'une venue du Messie!

S'ils causent parfois de grandes douleurs, ils fournissent tous les jours une somme de joies que rien ne saurait remplacer. Leur seule présence est la plus vive des joies et, en se laissant aimer, ils réalisent le vœu le plus cher de ceux qui les entourent.

Le voilà le chef-d'œuvre par excellence; son piédestal est tout indiqué, car ce jeune roi a nos genoux pour trône. — Ah! cher petit enfant qui entre dans le monde en pleurant, lorsqu'on sourit autour de toi, efforce-toi de vivre de façon à pouvoir t'éteindre en souriant, pendant qu'autour de toi l'on pleurera.

Puisses-tu réaliser ce vœu, que, dans l'Iliade, le héros troyen fait pour son jeune fils : « Qu'il soit plus vaillant encore que son père! »

Il faut, qu'instruit par nos fautes mêmes, tu sois meilleur et plus heureux que ceux qui t'auront précédé.

Il est doux de penser qu'à l'heure fatale de l'agonie,

lorsque se tairont les vivaces espérances, dont l'amical essaim nous entoure jusqu'à la dernière heure, notre être ne s'anéantira pas tout entier, nous ne disparaîtrons pas complètement dans le silence noir du gouffre éternel. — La totale destruction qui nous guette répugne à l'être humain, mais les incertitudes de l'au-delà lui paraissent moins redoutables, lorsqu'il sait que ses pensées rallumeront leurs lueurs dans un autre esprit, que les images qui lui étaient chères se mireront dans d'autres yeux, que ses sentiments jetteront dans un autre cœur leurs tenaces racines. — Oui, nos rêves ne s'envoleront pas sans retour dans les chimériques régions qui nous les envoient; ils refleuriront rajeunis, ainsi que nos sentiments, dans ce cerveau aujourd'hui débile, mais qui sera demain une intelligence robuste et bien équilibrée.

Oh! sans doute l'importance dominatrice de ce rudiment d'homme, de ce tyran braillard et tout puissant, est grande dans la maison.

Le mari en est souvent amoindri, même avant la naissance du rejeton attendu; la chambre conjugale reste close; le mari devient l'ennemi... provisoirement.

En outre, il y a du démon dans l'ange; tout n'est pas rose, dans les commencements surtout; il y a parfois quelque danger à garder longtemps sur ses genoux ce pauvre chérubin, qui n'est pas habitué aux usages du monde; mais nous avons tous passé par là, et la faiblesse commune commande l'indulgence.

Même observation pour ses cris et ses impatiences, qui tombent d'ailleurs si vite grâce aux ronronnantes et sédatives incantations de la nourrice. Ses adorables exigences, les longs bercements des sommeils difficiles sont compensés par les réveils rieurs.

Je ne crois pas qu'on puisse mieux décrire la joie d'être mère que Jules Case, dans *Jeune ménage*, 1891, page 143 :

« L'enfant l'absorbe entièrement. Elle le nourrit, fière de tout ce lait qui sortait d'elle, prise d'un respect religieux pour ce petit être, invisible la veille, et qui tout d'un coup surgissait dans la vie. Elle abordait une terre nouvelle; elle en ignorait les routes et elle marchait à pas sûrs, guidée par un infaillible instinct, bienheureuse et étonnée. — Des voiles tombaient autour d'elle, la séparaient des devoirs, des obligations, de toute la vivante humanité, l'enfermant dans un tabernacle où elle et sa fille restaient, seules en présence. — Elle lui parlait, comme à la divinité qu'on ne tutoie pas :

« Je vous aime, Bébé, et je n'aime que vous, et nul n'a été, nul ne sera jamais aimé par moi que vous. Vous êtes l'unique joie, la seule espérance, le seul but. Hors vous rien n'est. Je vous ai donné la vie, et je vous la donnerai encore : ce qui coulera dans vos veines si minces, si bleues, ce sera mon sang ; ce qui chauffera votre corps doux et suave, ce sera ma chaleur ; ce qui vous apprendra à rire, ce sera mon rire ; ce qui vous enseignera la pensée et la parole, ce sera ma voix. Vous êtes un rameau, charmant, délicieux bébé, et je suis le tronc dont vous boirez la vie afin d'être belle un jour. Et je serai votre servante ; chacun de vos pas, chacun de vos gestes sera dirigé par mes mains. Et je ne vous quitterai pas ; toujours je serai là, près de vous, afin que toujours, toujours, vous vous sachiez adoré. Dieu, qui est infiniment bon, ne veut plus que je souffre, il vous a donné à moi. Il se révèle à moi par vous. Et je ne sais plus si, jadis, j'ai pleuré, si j'ai gémi, si j'ai souhaité de misérables bonheurs. Mes yeux ne sont plus faits que pour vous voir; mes lèvres, pour vous baiser; mon cœur, pour recevoir vos petites plaintes; mes oreilles, pour écouter votre respiration bénie; ma langue pour vous parler, bien que vous ne m'entendiez pas encore. Mais est-ce bien sûr que vous ne m'entendez pas? Si, vous entendez. Votre petite âme, invisible, mystérieuse, écoute; je la nourris de mes paroles et de mon amour, de même que mon corps nourrit votre corps, et elle se dilate, elle s'enfle, elle pousse, elle me sourit à travers les blancheurs de votre visage.

« Elle prenait l'enfant dans ses mains qui tremblaient, elle l'élevait au dessus de sa tête, vers le ciel; l'âme émue et exaltée ainsi que celle du prêtre qui dit ses premières messes, elle s'aveuglait de clartés. »

....

Cette page n'est-elle pas vraiment touchante et n'êtes-vous pas rempli de déférence émue pour cette femme, si enthousiaste, qui n'aspire qu'à se dévouer?

Une pareille perspective, pour de jeunes hommes, au cœur généreux, doit constituer un motif suffisant pour les faire passer sans regret de ce qu'on est convenu d'appeler l'allegro sautillant du célibataire au grave andante du chef de famille.

L'orgie étourdissante ne laisse qu'amertume après elle, et, tôt ou tard, la main crochue de la misanthropie s'attache inflexiblement à l'épaule des réfractaires. — On s'endort gaiement, au contraire, au souvenir du babillage des bébés, qui sème de bons rêves sous l'oreiller. Le lendemain matin, on se relève plus fort que la veille, l'esprit plus sain, la main plus agile ; on savoure son sommeil à loisir comme fait un buveur bien appris du dernier verre d'une vieille bouteille, et, en somme, on en vient facilement à reconnaître que la vie est bonne et douce, qu'il est réconfortant de se consacrer à de petits êtres qui seront un jour des individualités, des citoyens, qui seront les défenseurs de la patrie, peut-être plus (pourquoi ne pas espérer pour eux de brillantes destinées ?), qui seront l'honneur de leur nom et la gloire de leur pays.

Le lendemain se dresse désormais devant les parents, non pas le leur qui ne les inquiète guère, puisque la moitié du chemin est déjà parcourue, qu'un hasard peut borner encore; mais celui de cette petite créature qui a devant elle toute sa destinée, qui sera ce qu'ils la feront, qui aura ce qu'ils lui donneront, si passive aujourd'hui qu'il semble qu'elle le sera toujours.

Heureux ceux qui savent se désaltérer à cette fraîche source, qui ne refuse pas ses eaux à leurs lèvres. — Dans son domaine fortuné, dans cet asile de paix, où les doux sentiments fleurissent sans trouble, grâce à la tiédeur du foyer, le père de famille comprend mieux la vanité des chimères insaisissables et des entités vides. Qu'il se contente des sourires dont rien ne ternit la grâce, des yeux qui l'aiment, des bégaiements de la voix enfantine qui résonne comme une musique d'ange, de la petite tête que sa main peut caresser, de toutes ces joies enfin que multiplie chaque heure du jour. — C'est beaucoup, c'est assez!

Je ne veux habiter la cité des vivants
Que dans une maison qu'une rumeur d'enfants
Fasse toujours vivante et folle!

Il y a une chose qui flatte tout particulièrement les pères, c'est de se retrouver perfectionnés dans leur fille, c'est de voir s'éveiller peu à peu dans un être dont on suit toutes les phases, les signes de l'éternel féminin : la grâce du corps, la grâce de l'esprit, la grâce du cœur, qui font le charme; les imperceptibles mouvements de passion qui se mêlent à tous les actes de la vie et que notre grossièreté, à nous autres hommes, ne saisit presque jamais; tout cela s'agitant dans un fonds de mystère sept fois impénétrable et sept fois attirant. — Oui, l'affection qu'elle inspire, cette fillette, qui ne dit pas encore papa, se double du culte indiscret, de l'adoration curieuse que nous avons pour celles de son sexe. (E. Rod.)

Un auteur étranger, Sonthey, prétend qu'une maison n'est pas bien fournie de joies si elle ne contient pas un enfant de trois ans et un chat de trois semaines. A la rigueur on peut se passer du chat; mais la vie est bien triste sans un enfant et je plains de toute mon âme l'homme mûr, qui n'a pas, chaque soir, un pauvre petit morceau de mioche, gros seulement comme le poing, à embrasser.

Seigneur, préservez-moi, préservez ceux que j'aime,
Frères, parents, amis et mes ennemis même,
Dans le mal triomphants,
De voir jamais, Seigneur, l'été sans fleurs vermeilles,
La cage sans oiseaux, la ruche sans abeilles,
La maison sans enfants !

*
* *

On ne saurait trop dorloter cet échappé du ciel,

Ange oublié chez nous par la pitié de Dieu,

comme dit Triboulet, en parlant de sa fille : — « Ces petits êtres, ça a besoin d'être aimé, ça a si peu de vie, que si on ne les fait pas vivre à force de les aimer, ils s'en retournent. Jusqu'à sept ans, les enfants ne savent pas s'ils veulent vivre ou non, c'est l'amour des parents qui les décide ! » (Ange-Bénigne.)

« Faire du bonheur autour de soi, s'écrie Edouard Rod dans le chapitre qu'il consacre à la paternité (*Le sens de la vie*, page 155), rendre heureux, dans l'étroite limite possible, les pauvres êtres dont le sort est lié au nôtre, — y a-t-il un plus haut idéal?... Nous poursuivons de tout notre effort des ambitions dont nous savons la vanité, une gloire que nous appelons éternelle et que le temps emporte, une fortune dont les caprices déconcertent nos plus habiles calculs, des honneurs ridicules qu'obtiennent aussi bien les derniers des hommes, — et dans cette chose nous oublions, à côté de nous, des êtres que nous n'aimons pas comme nous pourrions les aimer, pour lesquels nous ne faisons pas ce que nous devrions faire. Nous mourrons, nous et nos œuvres ; nos pensées s'évanouiront ; il ne subsistera pas une pierre des édifices que nous aurons construits, pas une lettre des noms que nous aurons crus inscrits dans l'histoire ; mais ne restera-t-il rien des soleils d'affection que nous aurons allumés ? — Il faut des milliers d'années pour que disparaisse la lumière d'une étoile éteinte. Combien de temps peuvent donc vivre et se perpétuer après nous les sentiments doux et simples, que nous avons fait rayonner de nos cœurs ?...

...« Et il me vient le désir de faire litière de moi-même, de me mettre sous les pieds du petit être inconscient que j'aime, de lui dire : Prends-moi tout ! Prends mes forces, prends mes rêves et fais-en des jouets que tu mettras en pièces ! — J'ai voulu de belles choses : nulle qui vaille tes petits cris de joie, et rien ne m'a rendu heureux comme de voir tes larmes s'essuyer ! Fais plus tard pour d'autres ce que j'ai fait pour toi, afin que de génération en génération, à travers les luttes où les races s'épuisent, dans l'indifférence de la terre qui se refroidit, rayonne jusqu'à la fin de l'humanité, comme une lumière de paix, comme un foyer de tendresse, cet amour des grands pour les petits qui fait le bonheur ! »

D'après Louis Ulbach (*Le livre d'une mère*), les enfants adoucissent bien des tâches. Ce n'est pas difficile d'avoir un intérieur gai, un mari satisfait, de trouver de la force pour le travail, de l'esprit pour son repos, quand le babil d'une bouche rose vous réveille et vous endort, quand on ne peut se bouder de peur d'enseigner la bouderie, quand de petites mains vous réconcilient avant même qu'on se soit fâché !

« Ma fille, dit-il, tu es mère et nourrice, tu es achevée ! — Tu es en beau chemin. Tu as un compagnon de route indulgent et ferme, tu peux t'appuyer sur lui et le fardeau de tes bras est si rose que tes bras ne seront jamais fatigués.

« Va devant toi, ma fille. Si ce petit chérubin en appelle d'autres, si la ribambelle t'enlace, t'enguirlande, comme dans le tableau de l'Assomption de Murillo, reste souriante dans cette gloire maternelle. Laisse les ménages impies, que fait la mode et que défait l'ennui, blasphémer la nature par des calculs sordides et se plaindre, comme d'un deuil effroyable, de la venue d'un enfant de trop, souvent même quand il est l'enfant unique ! »

***

Ne regrettez donc rien de vos triomphes d'orgueil, de toutes les vanités mondaines qui vous séduisaient jadis, jeunes mères, que l'amour enchaîne autour d'un berceau ; dites-vous bien qu'en nourrissant le nouveau-né de votre substance, à chaque ondée, c'est quelque chose de votre cœur et de vos sentiments qui passe dans ce cher petit être.

Et quelle joie lorsque dans quelques mois, dans quelques années, le gazouillement enfantin de votre baby, qui est une si belle langue, vous servira de réveille-matin.

Le soleil qui se glisse si doucement jusqu'à votre alcôve sera alors distancé.

Je vous salue, madame... pleine de grâces... vous êtes bénie parce que vous êtes mère... le bonheur est avec vous! Quoique vous soyez momentanément amaigrie par l'allaitement, vous restez belle dans cet appauvrissement passager de votre chair, car vous êtes sanctifiée par l'œuvre de nature!

La maternité est l'ancre de la femme, la sauvegarde de l'honneur et des susceptibilités les plus légitimes du mari; elle dissipe, comme par enchantement, les manies romanesques, les rêveries dangereuses, les curiosités maladives, les défaillances morales, les ardeurs irréfléchies, les ivresses peu innocentes du bal, les tentations malsaines de l'ennui; elle empêche les fautes ou les maladresses, supprime les écueils vulgaires et permet de porter des yeux rassurés sur l'avenir.

L'arrivée d'un enfant modifie les perspectives et agrandit l'horizon.

Désormais, la vie a un but plus sérieux, plus haut et plus noble. La tendance à l'égoïsme s'amoindrit et s'efface en majeure partie. On vit pour son enfant, par lui et dans lui pour ainsi dire. Le lien du mariage se resserre et le cœur s'élargit d'une façon indiscutable.

L'homme le plus jaloux de son indépendance commence par ne plus dire *moi*, le vilain et dangereux moi, et finit doucettement par lui substituer le mot *nous*, qui est si doux.

Cela rime naturellement.

Cette tendresse nouvelle n'est pas un trésor comme un autre qui s'épuise, en se dépensant ; il s'augmente au contraire chaque jour, en se donnant davantage. La source est intarissable et il y a là, à l'honneur du cœur de l'homme, une sorte de manifestation de l'infini.

On a dit que la naissance d'un enfant constitue la joie la plus pure, la plus complète, que ce bonheur là est habituellement *le seul* qui réalise dans le mariage tout ce qu'on s'en était promis. C'est certainement exagéré, mais dans les unions mal assorties, c'est une consolation ; dans les autres, c'est un lien de plus.

Si toutes les joies de la mère, à commencer par les soubressauts impatients du petit être emprisonné, sont chèrement payées, les compensations sont assez grandes pour qu'aucune femme de cœur n'ait à reculer devant l'échange. — Ces compensations sont représentées par les mille petites joies dont s'éclaire la trame grise des jours.

Les joies tirées du domaine des sens sont courtes et superficielles ; celles qui émanent des sentiments sont profondes et presque infinies. C'est pour cela que la nature paye au double, au triple, à la mère, ce qu'elle donne en moins à la femme ; c'est pour cela que rien n'est doux et rassérénant comme la lumière, comme la joie sereine et vibrante, le rire à belles dents, la confiance insoucieuse, qui se dégagent de nos marmots.

Ils nous font oublier les tristesses de la veille et les soucis du lendemain !

Deux mots magiques « *papa*, *maman* » suffisent pour obtenir ce résultat. Ils comportent en eux les plus douces jouissances du cœur humain. Le mot *maman* en particulier est si doux, si consolant, que dans les plus terribles épreuves, il monte encore aux lèvres de l'homme, murmuré avec la foi d'une prière, modulé avec les nuances d'une infinie tendresse.

Pierre Loti, parlant de sa mère, écrit qu'il voudrait saluer cette figure bénie avec des mots à part, si c'était possible, avec des mots faits pour elle, et comme il n'en existe pas; des mots qui à eux seuls feraient couler les larmes bienfaisantes, auraient je ne sais quelle douceur de consolation et de pardon; puis renfermeraient aussi l'espérance obstinée, toujours et malgré tout, d'une réunion céleste sans fin : « Ma mère, dit-il, est la seule au monde, de qui je n'aie pas le sentiment que la mort me séparera pour jamais; avec d'autres créatures humaines, que j'ai adorées de tout mon cœur, de toute mon âme, j'ai essayé ardemment d'imaginer un *après* quelconque, un *lendemain* quelque part ailleurs, je ne sais quoi d'immatériel ne devant pas finir; mais non, rien, je n'ai pas pu, — et toujours j'ai eu horriblement conscience du néant des néants, de la poussière des poussières. — Tandis que, pour ma mère, j'ai presque gardé intactes mes croyances d'autrefois. Il me semble encore que, quand j'aurai fini de jouer en ce monde mon bout de rôle misérable ; fini de courir, par tous les chemins non battus, après l'impossible, j'irai me reposer quelque part, où ma mère, qui m'aura devancé, me recevra ; et ce sourire de sereine confiance, qu'elle a maintenant, sera devenu alors un sourire de triomphante certitude. — Mon amour pour ma mère, qui a été le seul stable des amours de ma vie, est d'ailleurs si affranchi de tout lien matériel, qu'il me donne presque confiance, à lui seul, en une indestructible chose, qui serait l'âme ; et il me rend encore, par instants, une sorte de dernier et inexplicable espoir ! »

Comme tout cela est bon, beau, réconfortant ; quelle mère ne se trouverait dédommagée et ne serait fière d'un pareil hommage ?

Aussi j'enrage, lorsque j'entends certaines femmes parler de réformes subversives, d'innovations irréalisables, de jalouses compétitions, alors qu'elles ont un rôle sublime à jouer dans la famille, dans la société, *en créant et en élevant des hommes !*

Ces dames veulent s'occuper de nos vilaines affaires humaines, prendre leur part de nos prétendues prérogatives, qui sont des corvées, comme si leurs blanches épaules avaient la force de supporter cette lourde croix, que nous traînons nous-mêmes avec tant de peine.

Agnès et Henriette portent envie aux précieuses ridicules : « Il semble voir un Dieu quitter l'autel où on lui offre des sacrifices, pour venir les pieds dans la boue se mêler à la foule de ses adorateurs et se faire coudoyer par eux, pour le plaisir d'envoyer concurremment de l'encens à sa niche déserte. Ce qui semble dire contre toute probabilité qu'on s'ennuie même du ciel, quand c'est à perpétuité. » (A. KARR.)

En vérité n'est-ce pas aspirer à descendre ? Descendre du rôle d'idole à celui d'électeur, quelle chute !

Elles ne sont déjà que trop pourvues de privilèges masculins, sans compter le port de la moustache, dont quelques brunes abusent de la façon la plus manifeste.

Mais leur royauté existe par droit de naissance et rien ne saurait valoir cette domination indéniable, que la nature a donnée à ces éternelles victorieuses. Elle s'impose si doucement à nos cœurs, qu'à aucun âge on ne s'en veut préserver.

Un des personnages de Zola, énumérant dans une apostrophe éloquente toutes les ruines que Nana vient d'accumuler autour d'elle, en conclut que l'électricité et la vapeur ne sont rien auprès d'une aussi formidable machine.

Quel outil! bon dieu, quel outil! s'écrie-t-il avec une admiration mêlée d'épouvante.

« Soit qu'on la rabaisse à ce rôle de destruction presque involontaire et passive, soit qu'on la drape en statue sur un piédestal et qu'on lui attribue un pouvoir magique pour faire le bien, il est incontestable qu'elle apparaît comme l'agent presque unique de nos déterminations, comme le mobile souverain de tous nos actes. » (QUIDAM.)

Ce serait bien plutôt à nous de porter plainte et de réclamer le secret de leur magie. Si la fée pouvait se métamorphoser en gagne-pain, si elle pouvait cesser d'être la parure, l'ornement et la grâce; si les femmes pouvaient tomber nos égales, c'est-à-dire se dénaturer et s'abâtardir, elles ne tarderaient pas à avoir la nostalgie du passé.

Comme l'a fait remarquer M. Henri Baudrillard (*De l'émancipation des femmes*), ceux qui songent à réclamer pour les femmes l'usage du droit politique ne sont peut-être pas ceux qui les aiment et les estiment le plus ; ce sont en général des esprits abstraits, épris d'un faux idéal d'égalité, et qui ne confondent les sexes politiquement, que parce qu'ils n'ont pas appris assez à les distinguer par le sentiment.

Quand on ouvrirait aux femmes les portes de toutes les libertés, a dit Ackermam, comme quelques-unes le réclament, les honnêtes et les sages ne voudraient pas entrer.

Eugène Pelletan a écrit, dans la Charte du Foyer, ces mots charmants : « C'est précisément la diversité de l'homme et de la femme qui forme l'attrait qu'ils ont l'un pour l'autre, le bonheur qu'ils éprouvent l'un avec l'autre ; changez la femme en homme, vous tuez l'amour, il ne reste que l'amitié. Vous aurez déchiré le roman de l'existence. »

Laissons donc l'homme à la vie publique et la

femme au foyer, dont elle est la sainte clarté et la douce chaleur !

Lamennais l'a dit depuis longtemps : La femme est une fleur qui n'exhale de parfum qu'à l'ombre.

J'aimerais mieux la condamner encore une fois à la quenouille du bon vieux temps, que de la voir gesticuler de nouveau dans les clubs. — La vue d'une raccrocheuse m'attriste, mais Louise Michel m'écœure !

La doctoresse de Paul Ferrier et Henri Bocage, jouée au Gymnase vers la fin de l'année 1885, a réduit son mari au rôle d'homme de ménage. Elle tient les cordons de la bourse et ne laisse à ce pauvre Frontignan d'autre privilège que celui de faire les comptes avec la cuisinière et de dresser le menu des repas. Jamais aucun dessert tendre.

Le mari sevré fait danser l'anse du panier et utilise ses profits, pour faire des expéditions de dédommagement sur d'autres terres.

La femme se réveille dans l'épouse trompée, devant les trahisons du mari. Elle ne songeait pas même à jouir de son bien, mais elle n'entend pas du tout que les autres s'en accommodent, et, puisque les hommes sont si matériels, que la science et la gloire qui en découle ne leur suffisent point, dans la compagne de leur vie, elle se consacrera désormais aux devoirs du mariage. Tant pis pour les malades qui eux se trouvaient fort bien d'un médecin si bien tourné; la doctoresse ferme son cabinet de consultation et redevient une *femme de foyer*.

Elle renonce à mettre le monde à l'envers, à l'instar de ses cousines de Moscou, ou la science sens dessus dessous, comme ses confrères féminins de New-York ou de Philadelphie.

La conclusion est présentée par Jules Simon qui condamne la manie actuelle de faire systématiquement des femmes savantes : « Il nous faut, dit-il, des femmes aimables et des femmes utiles ! »

Que la femme laisse donc la vanité qui lui fait faire fausse route et qu'elle se contente de donner le sens commun et le sens moral, de stimuler les sentiments généreux, de ramener les arts et la littérature vers l'idéal, c'est-à-dire vers le vrai beau, de transmettre les vertus et l'esprit qu'elle reçut de ses ascendants, de provoquer l'enthousiasme pour les supériorités réelles, de réveiller le désintéressement, de repousser enfin ce flot d'animalité qui tend à grossir et à envahir la société.

Elle sera ainsi deux fois mère par la chair et par l'âme, par le lait dont elle nourrira son enfant, par les enseignements dont elle ornera son esprit.

Elle comprendra alors combien il est doux d'avoir un être à pétrir, à façonner à son image!...

Cela vaut bien les apparitions tapageuses aux courses, aux petits théâtres et la souveraineté si lourde que le *tout Paris* décerne capricieusement aux femmes qui lui sacrifient tout, leur repos et leur honneur!

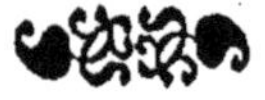

CHAPITRE VI

A QUELLE ÉPOQUE DOIT-ON SE MARIER ?

Du moment que le mariage est à mes yeux le couronnement obligé de toute existence, il est tout naturel que je le recommande aux jeunes gens, à partir de 25 ans, lorsque leur jugement commence à avoir suffisamment d'assiette, qu'ils ont un métier ou qu'ils ont terminé les études qui conduisent aux professions libérales.

Lorsqu'on a le cœur inflammable et des sentiments délicats, c'est le meilleur moment pour partager le tout avec une compagne digne de respect et d'estime, vers laquelle on se sent attiré par toutes ses affinités.

C'est aussi un moyen de se soustraire à ces demi-mariages honteux, que le public a baptisés d'un mot d'argot qui ressemble fort à une souillure.

Le danger de pareilles liaisons a été signalé depuis longtemps :

L'habitude tend insensiblement ses lacets. La femme qui connaît vos petits travers est bien près de vous avoir conquis pour jamais. De maîtresse elle passe maître : « On aime, toutes les portes ouvertes, et l'on ne s'aperçoit pas qu'*elle* les ferme les unes après les autres.

Sa gaieté, son chant, deviennent des bruits nécessaires.

Avec cette habileté qui est la force des femmes, elle surprend vos faiblesses, vos manies, vos vanités, vos côtés étroits, elle y pénètre, elle les dorlote et vous fait faire ronron comme à un gros chat sensuel.

Ajoutez ces heures de tristesse, de misère ou de découragement, dont elle devient la confidente inévitable, qu'elle vous aide à traverser, et, un beau jour, sans savoir comment, sans pouvoir dire pourquoi, vous vous trouvez avoir épousé une fille que vous n'aimez pas, qui n'est en rapport ni avec votre intelligence, ni avec votre éducation.

Le mariage fait, votre amour joyeux coupe ses

ailes, chausse des bottines éculées, porte un tartan, habite un cinquième étage et demande crédit au boucher qui le lui refuse.

Bien heureux quand le mari n'apprend pas, trop tard, que cette femme le trompe depuis le jour où il l'a connue. » (Diane de Lys.)

Après la trentaine, il devient déjà dangereux de n'avoir pas fait un choix matrimonial; mais lorsque, vers quarante ans, l'amour insiste avec un dernier sourire, prenez garde; si vous le repoussez, il se le tiendra pour dit et ne reviendra plus.

L'instinct de la famille s'éveille tôt ou tard et il parle très éloquemment, à cette heure ambiguë où la jeunesse se retire, où l'on ressent, comme les feuilles d'automne, un premier frisson avant-coureur des vents d'hiver!

Beaucoup d'hommes pour n'avoir pas tenu compte de cet avertissement, expient aujourd'hui cruellement leur indifférence passée. Leur maison qu'ils n'ont pas peuplée d'enfants est remplie de manies ou de vices.

Ecoutez plutôt les regrets amers d'un célibataire endurci, Sainte-Beuve, qui, malgré quelques velléités matrimoniales resta hostile à tout engagement éternel. Il mérite d'être cité, malgré la façon un peu sensuelle dont il traite le sentiment paternel :

« La nature est admirable, on ne peut l'éluder; depuis quelque temps, je sens en moi des sentiments tout nouveaux. Ce n'est pas seulement une femme que je désire, une femme jeune et belle comme celles que j'ai précédemment désirées. Celles-là plutôt me répugnent. Ce que je veux, c'est une femme toute jeune et toute naissante à la beauté; je consulte mon rêve, je le presse, je le force à s'expliquer et à se définir : cette femme, dont le fantôme agite l'approche de mon dernier printemps, est une toute jeune fille. Je la vois, elle est dans sa fleur, elle a passé quinze ans à peine; son front, plein de fraîcheur, se couronne d'une chevelure qui amoncelle ses ondes, et qui exhale des parfums que nul encore n'a respirés.

Cette jeune fille a le velouté du premier fruit.

Elle n'a pas seulement cette primeur de beauté; si je me presse pour dire tout mon vœu, ses sentiments, par leur naïveté, répondent à la modestie et à la rougeur de l'apparence. Qu'en veux-je donc faire ? Et si elle s'offrait à moi, cette aimable enfant, l'oserais-je toucher et ai-je soif de la flétrir ? Je dirai tout : oui, un baiser me plairait, un baiser plein de tendresse ; mais surtout la voir, la contempler ; rafraîchir mes yeux, ma pensée, en les reposant sur ce jeune front, en laissant courir devant moi cette âme naïve ; parer cette belle enfant d'ornements simples où sa beauté se rehausserait encore, la promener les matins du printemps sous de frais ombrages et jouir de son jeune essor, la voir heureuse, voilà ce qui me plairait surtout, et ce qu'au fond mon cœur demande. Mais qu'est-ce ? Tout d'un coup le voile se déchire, et je m'aperçois que ce que je désirais, sous une forme équivoque, est quelque chose de naturel et de pur, c'est un regret qui s'éveille ; c'est de n'avoir pas, à moi, comme je l'aurais pu, une fille de quinze ans, qui ferait aujourd'hui la chaste joie d'un père et qui remplirait ce cœur de voluptés permises, au lieu de continuels égarements. »

En lisant ces lignes, on se prend à déplorer que le

mariage ait été pour l'illustre sceptique comme la foi, qu'il ait vainement cherché à s'y prendre. Avec tout aïeul penché sur le berceau de ses petits-enfants, il aurait compris, mieux que le philosophe, la véritable immortalité, la chaîne des générations et l'éternel recommencement du monde.

Les regrets de Sainte-Beuve sont la meilleure condamnation de ce parti pris d'indulgence et de scepticisme, qui considère presque le libertinage comme une partie de l'éducation de la jeunesse, ou tout au moins une crise inévitable. On professe volontiers que les mauvais sujets font d'excellents maris, tout comme la houille, qui, après avoir donné la lumière du gaz, fournit un excellent coke pour les foyers bourgeois :

« Fâcheuses maximes contre lesquelles on ne saurait trop s'élever, » s'écrie avec indignation M. Louis Legrand.

Sourire avec indulgence aux écarts de la jeunesse, c'est proclamer implicitement que l'homme a le droit de céder à toutes ses passions. La nature et la morale ont voulu réunir les plaisirs et les devoirs du mariage; il ne peut être permis de rompre cet enchaînement, de prendre les plaisirs et de rejeter les devoirs; de plus, à moins qu'on n'admette aussi les filles au bénéfice de cette licence, c'est établir entre les deux sexes une monstrueuse inégalité.

Vraiment, pour parler comme Beaumarchais, aux vertus qu'on exige de la moindre fillette, quel héros, quel penseur, quel grand homme, quel honnête homme serait capable, au moral, d'être une femme supportable?

A la femme, tout sera interdit, tout sera rigoureusement reproché; elle sera tenue d'apporter au mari un cœur vierge de la pensée même du mal. L'homme, au contraire, jouira du privilège de l'impunité, il aura libre carrière et sa compagne devra s'estimer trop heureuse de recueillir les restes d'une âme effeuillée à tous les vents.

Où est dans tout cela le respect de la femme? Est-ce donc une chose indifférente que de voir l'espérance des générations futures se flétrir dans sa fleur? Ce n'est pas seulement la race qui dégénère, le sang qui se vicie, l'âme s'amoindrit plus qu'on ne pense dans ces relations inférieures, nées d'un caprice de l'imagination, où le cœur ne joue aucun rôle, où la délicatesse est sans emploi.

«..... Il serait certainement puéril d'attacher trop d'importance à des écarts passagers et loyaux, excusés par les circonstances, purifiés par le regret, et qui n'ont pas atteint le cœur, surtout quand une flamme sincère efface les vestiges des anciennes souillures. Mais les parents que concerne surtout cette investigation délicate devraient être plus sévères qu'ils ne le sont parfois, et repousser certains prétendants qui ne sont véritablement pas dignes du mariage. »

Des pères honorables ne craignent pas de fermer les yeux sur les fredaines de leur fils et lui tiennent d'autre part en réserve, pour ses 35 ans, un lot de jolies filles, bien élevées, bien habillées, beaucoup plus agréables que ses maîtresses, et qui lui apporteront de l'argent au lieu de lui en demander. En somme, quand leur fils n'est plus bon à rien, quand il ne sait plus à quel Juif se vouer, quand au lieu d'avoir été formé, il a été déformé, ils en ramassent les morceaux et en font un mari..... Ils pensent qu'il sera toujours assez bon pour cela. Celui-ci perd ainsi l'occasion de vivre sa véritable vie, de donner une pâture aux puissances d'amour sincère, qui restent enfouies inutilement dans les profondeurs inconscientes de sa personne. Sa jeunesse passe, passe, sans rien produire et pour ne plus revenir !

Il y aurait beaucoup plus de sagesse à ne pas attendre la lassitude, à ne pas laisser couper les griffes du lion.

Est-ce juste d'ailleurs, alors que nous trouvons qu'il n'y a pas trop de vingt années pour faire une épouse présentable, capable de faire oublier le passé le plus provoquant ? L'avantage, en effet, a toujours été, et restera en définitive du côté des femmes du monde. Il devrait leur suffire de se montrer pour éclipser toutes les comédiennes en chambre, qu'on leur préfère sottement.

Je suis pour une baisse générale du côté de la galanterie et pour la hausse au bénéfice de nos jolies sœurs et de nos gracieuses cousines.

Damoiseaux et jouvencelles sont instantanément priés de se conjoyer et de s'esbattre !

Ce sera profit pour tout le monde !

Quant à vous, Mesdemoiselles, je compte bien que vous ne laisserez pas finir février, avec son escorte de bals et de fêtes, février, ce mois qui danse, saute et flirte, sans jeter sérieusement vos filets.

Hier, vous n'étiez que des fillettes, marchant avec une grâce naïve, mais abrupte encore ; aujourd'hui votre taille est plus souple, vos bras ont l'adorable abandon de la rêverie. Il y a comme une auréole autour de votre front ; des rayonnements insolites resplendissent au fond de vos prunelles.

On ne respirait, hier, dans la maison, sur vos pas légers, que les chastes parfums de vos dix-sept ans ; aujourd'hui, la femme transperce à travers la jeune fille. C'est l'heure bénie où les battements du cœur sont comptés là-haut !

Il faut en profiter et vous faire décerner le prix d'excellence... en tout.

On vous a vues passer avec ravissement, cet été, au bord de la mer, dans un cadre de flots bleus et de ciel immense, sur le grand horizon marin, avec vos ombrelles claires, vos toilettes fraîches et le joli rire de jeunesse qui pavoise vos joues.

Vichy et Dieppe vous ont trouvé charmantes; charmantes, mais voilà tout. — Il y a eu beaucoup d'appelés, mais pas un élu.

On a admiré votre pied, mais il n'a pas fait demander la main. Vos prétendants prétendaient à tout, excepté à cela.

Et vous avez un an de plus!

Je sais bien qu'un an, quand on est au début de la vingtaine, ce n'est ni une ride, ni un cheveu blanc... Non, un an n'est pas cela. — C'est ce sournois, ce traître, qui souffle tout bas à l'oreille du monde : « Ah! Mlle X... n'est pas mariée? »

Passe encore une saison, et l'an nouveau murmure :

« Tiens, tiens, Mlle X... ne se marie pas! »

— Anne, ma sœur Anne ne vois-tu rien venir?

— Non, pas le moindre page.

Vienne un troisième automne et la malignité publique ne manque pas de dire :

« Bah! mais elle n'est donc pas mariable, cette petite X...? »

— Vous passez bientôt à l'état d'échantillon défraîchi de fille à prendre et sainte Catherine, une sainte qui trouve bien souvent coiffure à sa tête, rit déjà dans son petit coin.

Donc, assez de marivaudage ; blondes rieuses, charmeuses aux pieds légers, hâtez-vous de prendre pour de bon quelque célibataire à vos pièges. Après avoir fait retourner les têtes, il faut en faire tourner une, au moins.

Ouvrez l'œil, fillettes, car, vertubleu, avant six mois, il nous faut découvrir celui qui coupera les ailes de l'ange !

S'il vous voit deux fois, il faut que ce soit une de trop pour vous adorer.

Celui qui vous aime ne doit pas se contenter de vous suivre, il doit vous épouser.

Et certes il ne sera pas à plaindre, malgré ses terreurs de convention d'aujourd'hui. On se plaint en effet que le monde n'est peuplé que de mères de famille parlant ménage, ou de filles à marier ne parlant de rien (nous lui prouverons le contraire), que le sol est couvert de pièges à mariage, que cette idée de conjungo rôde sans cesse dans les maisons à grandes filles et prend toutes les formes, tous les déguisements, que les bals sont tapissés de toiles d'araignée, ourdies par les mamans qui veulent se débarrasser, et où viennent se prendre les célibataires étourdis. Ceux-ci marcheraient, paraît-il, dans les salons, au milieu des robes décolletées, qui pèchent souvent pourtant par excès de franchise, comme au milieu de trébuchets toujours tendus, et ce qui les entoure rappellerait la sensation inquiétante d'un nœud coulant, qui se serre sur la gorge.

Que l'un d'eux perde la tête, un soir, au milieu de tous ces yeux chargés à mitraille, c'en est fait de lui; le cercle de fer se referme, il perd tout sentiment de résistance, il est guigné, amadoué, circonvenu, pris, lié et marié, avant d'avoir eu le temps de se reconnaître. Il n'est pas encore bien décidé à prendre femme, il n'est pas encore sûr de son choix, que déjà il a prononcé le oui fatal.

Tant mieux s'il en est ainsi, d'abord pour nos sœurs que l'on trouve insignifiantes, et que ce petit oui, prononcé en temps opportun, transformera en de ravissantes femmes.

Elles méritent d'être enchâssées dans le mariage; bientôt leur beauté sera une fête des yeux et mettra un brasier au cœur de l'époux.

Tant mieux aussi pour la contagion du bon exemple.

C'est souvent par forfanterie que les célibataires se résignent à rester éloignés de la famille. Ils vivent par bandes, comme les frelons, et s'exhortent mutuellement à sauvegarder leur prétendue indépendance. Il suffit que l'un d'eux, fatigué de sa vie factice et surchauffée, excédé de son isolement, se décide à se reprendre, à s'affranchir, à vivre pour lui-même après avoir vécu pour tout le monde, à remplir sa retraite d'une affection calme et discrète, pour que les autres se hâtent de brûler leurs trophées séducteurs, rubans fanés et bouquets flétris.

Et ils ont mille fois raison : les plus hardis pilotes finissent toujours par se réfugier au port avec délices. De là, ils assistent avec pitié, mais sans regret, à la détresse des audacieux, que l'ouragan des passions menace encore. Ils planent au dessus d'eux, dans une sphère désormais inaccessible de scepticisme et de prudence!

CHAPITRE VII

DÉFENSE DU FOYER ET DE LA FAMILLE

Si j'ai fait le procès du braconnage en amour, tout en lui accordant quelques circonstances atténuantes; je ne saurais me montrer trop sévère contre les illuminés d'outre-Rhin, qui ont organisé une croisade contre l'amour et le mariage.

Tous ces pessimistes, que le doute a desséchés, voient le monde en noir, sans se douter qu'il ne s'y rencontre rien de pire qu'eux-mêmes. L'un de ces philosophes, de Hartmann, affirme que la félicité que l'amant rêve n'est que l'appât trompeur dont l'inconscient se sert, pour donner le change à l'égoïsme de la réflexion et le disposer à sacrifier son intérêt propre aux intérêts de la génération future.

Cette conception devait être aggravée par Schopenhauer, le vieux misanthrope de Francfort.

Pour lui, la vie est mauvaise; n'ayant rien à y faire ni à y trouver de bon, ce qu'il y a de plus simple et de meilleur, c'est d'en sortir.

Mais ce n'est pas le suicide individuel que conseillent les désespérés de la philosophie germanique, c'est le vaste suicide du genre humain. Il faut convertir au pessimisme la conscience universelle, afin qu'elle n'aspire plus qu'au néant, à l'anéantissement total. Il faut que, par un effort colossal de la volonté de tous, elle supprime la reproduction de l'espèce et annihile l'existence, en ne la renouvelant plus.

Vraiment, on croit rêver en entendant de pareilles billevesées, et il y aurait lieu de s'en alarmer, si la plantureuse Allemagne n'était pas solidement inféodée à la famille. D'autre part, comme l'a fait remarquer le regretté professeur de philosophie de la Sorbonne, ces propositions sonnent étrangement aux oreilles des hommes de notre temps, étourdis par le bruit de leur propre activité, justement fiers des progrès de l'industrie et de la science, et dont le tempérament médiocrement élégiaque s'accommode à merveille d'un séjour prolongé sur cette terre, des conditions laborieuses qui leur sont faites, de la somme de biens et de maux qui leur sont départis.

Il n'est guère à craindre que cette philosophie soit jamais autre chose, en Europe, qu'une philosophie d'exception, et que l'humanité civilisée s'abandonne un jour à la mortelle séduction de ces conseillers du désespoir et du néant.

Aussi les criailleries de Schopenhauer contre la femme et les joies qu'elle donne, n'ont eu d'écho que dans l'esprit de quelques censeurs blasés et hypocondriaques qui, ne sachant pas étouffer leurs regrets et enterrer simplement leur passé, ne consentent pas à ce que d'autres prennent leur place au banquet où ils apportaient jadis un si bon appétit.

Je parle ici au figuré; mais on pourrait entendre aussi les choses dans le sens littéral des mots. J'ai une tendance invincible à considérer, comme des individus qui digèrent mal, tous ceux qui nous attristent avec leurs sophismes et leurs sombres déclamations.

De là, ces flots d'acrimonie et ces vertes mercuriales contre la pauvre humanité, qui ne s'est pas encore décidée à prendre l'existence en dégoût.

Ce qui tiendrait à prouver que la vie a encore du bon, c'est que nous ne voulons plus quitter notre planète tant décriée, alors que souvent, à notre naissance, on nous y amène de force avec des pinces de fer.

Nous nous gardons bien de faire comme le fils de Lessing, qui décidément avait trop d'esprit. Après avoir mal poussé et d'un air de regret pendant quelque temps, il saisit la première occasion qui s'offrit pour déserter. — A la dernière heure, nous regrettons encore les fantômes jadis adorés et notre cœur cesse bien malgré lui de dire *credo* à toutes les chimères et à toutes les illusions séductrices !

Le monde n'est pas parfait ; mais, ainsi qu'on le dit dans une chanson populaire, je vous défie de trouver mieux que ça.

Non, il n'est pas vrai que la femme nous ait joué un tour épouvantable depuis le commencement de l'univers en idéalisant l'amour.

Non, il n'est pas vrai que l'amour soit un joujou qui amuse l'individu, de génération en génération et l'empêche de retarder ce suicide collectif, cette entrée volontaire dans le néant, à laquelle l'humanité se serait résolue depuis longtemps, sans cette détestable invention de l'amour spiritualiste.

Non, nous ne pensons pas que Dieu nous ait fait une mauvaise farce en nous créant, et nous ne prendrons pas notre revanche en nous en allant, au moment même où chacun possède des éléments de bien-être et de plaisir que nos ancêtres n'ont jamais connus.

La vie, dont nous prendrions tous volontiers double dose, est peut-être sans charmes pour tout disciple de Schopenhauer, qui n'a pas su ensoleiller sa demeure en la remplissant des frais éclats de rire de l'enfance. Aujourd'hui que tout lui échappe, aujourd'hui qu'il arrive à la mort sans avoir goûté à la vie, il est tout naturel qu'il souffre de ne sentir dans son âme qu'un vide sonore, où se lamente le regret du bonheur entrevu.

Mais qu'il n'accuse que lui, avant de rendre le souffle peu récréatif et peu libéral, qui doit marquer sa dernière heure.

Puisqu'il prétend que nous sommes les prisonniers du mariage, nous lui rappellerons que toute liberté se paye ; tant pis pour lui s'il a acheté trop cher sa prétendue indépendance.

S'il ne respire guère l'allégresse d'un esprit libre, jouissant de ses franchises, en revanche nous sommes heureux, malgré ce qu'on est convenu d'appeler nos adversités domestiques, entre notre moitié de poire et nos bébés. Maîtres de notre petit monde, nous le trouvons commode et riant, nous savons passer des jours sans trouble, sans perspective décevante, avec un horizon sagement limité.

Nous trouvons qu'il est bon d'être bon, qu'il y a un charme indicible, en rentrant chez soi, d'apercevoir une tête gracieuse et fidèle, penchée sur un livre ou un ouvrage de tapisserie.

Nos filles sont des fées, dont le regard transforme en enchantement tout ce qui nous entoure. Le mariage nous arme en guerre ; cuirassés par lui, les blessures que nous fait la vie sont toujours légères et ne tardent pas à se fermer.

Après une journée laborieuse, sous un soleil de

plomb, le paysan le plus disgracié se dédommage avec le sourire de son dernier né ; une boucle de cheveux soutient le marin au milieu de la tourmente et le guerrier se sent plus fort, en ayant sur son cœur le portrait de celle qu'il aime.

Giboyer se plaît à être un fumier et à nourrir un lys ; il s'immole joyeux pour conserver à Maximilien la droiture de son esprit.

Le père a déshonoré en sa personne un soldat de la vérité, mais il se donne du moins un remplaçant. Il lèche la boue sur son chemin et s'estime heureux de sauver à ce prix la jeunesse de son fils des épreuves où la sienne a succombé.

Peines, fatigues, amertumes, déceptions, tout s'efface avec un baiser.

Non, nous ne voulons pas que la femme et l'amour disparaissent de la terre, parce qu'il n'y aurait plus de poésie ; nous avons besoin de muses, quand ce ne serait que pour faire le contre-poids de votre matérialisme crasseux et ventru.

« Il nous est doux de croire que tout est harmonieux dans ce monde, qu'il a été créé par un grand musicien, lequel fait cheminer les astres et tourner la terre, au son de son violon, et ne se permet des dissonances que pour préparer l'accord final. Une rose dans sa fraîcheur et les grâces d'un jeune sourire nous dispensent de raisonner ; en les contemplant, nous tenons pour preuve que le musicien existe ; nous croyons entendre son violon et nous nous sentons joyeux de vivre. »

Mais pour vouloir étouffer toute expansion chez ses semblables, pour couver des œufs pareils, ce triste philosophe n'a donc jamais entrevu deux amoureux enlacés sous le vert abat-jour des grands arbres ? Il n'est donc jamais allé rôder, à minuit, le cœur plein d'émoi, sous un balcon ? Mais alors remettez-lui des langes et qu'il ne nous casse plus la tête avec ses dégoûts et ses idées chagrines. Que ce chat-huant regagne précipitamment son trou, reconduit par les sifflets de tous les défenseurs de la société.

*
* *

Malgré feu Schopenhauer et ses disciples, l'amour continuera à consoler l'humanité. Chateaubriand disait : « Faites-moi aimer et vous verrez qu'un pommier isolé, battu de vent, jeté de travers au milieu des froments de la Beauce, une fleur de sajette dans un marais, un cours d'eau dans un chemin, toutes ces petites choses, rattachées à quelques souvenirs, s'enchanteront des mystères de mon bonheur ou de la tristesse de mes regrets. »

C'est qu'en effet l'amoureux est un artiste qui soumet le monde aux ivresses de sa passion. Il répand sur les scènes de la vie et du monde les ombres et les lumières flottantes de sa pensée.

Un mouvement de l'âme, certains battements du cœur, et le tour est fait !

Comme on le chante dans la *Flûte enchantée*, la vie est un voyage qu'on ne fait bien qu'à deux !

Sachez donc aimer et vous aurez dans le cœur une espérance et une jeunesse éternelles.

Je plains ceux qui ne comprennent pas la grandeur et la sainteté de la famille, et qui s'en approchent comme un impie d'une église.

Les véritables aristocrates de la vertu font passer cette poésie saine et choisie avant tous les autres entraînements.

CHAPITRE VIII

RÊVE ET RÉALITÉ

Je comprends très bien qu'il répugne à certains esprits délicats de se marier uniquement entre une dot et un notaire. Il faut, c'est vrai, en venir toujours là, mais rien ne les empêche d'y arriver par un chemin plus original et plus gracieux que celui suivi par tout le monde.

Que ceux qui le peuvent recommencent une seconde édition de Paul et Virginie, moins le naufrage du *Saint-Géran*, naturellement; mais qu'ils ne se bercent pas d'illusions décevantes.

Il n'y a pas un candidat au mariage qui n'ait rêvé un type du plus caressant aspect, avec d'exquises perfections : Celui-ci désire des cheveux plus que dorés, à n'en savoir que faire, et faisant auréole autour d'une frimousse, modelée d'après Grévin; un torse plantureux, pouvant se passer de corset, ou que la couturière aura toutes les peines du monde à emprisonner dans un étau de satin. Il lui faut une taille de cinquante centimètres et des dimensions invraisemblables, à l'étage supérieur et à l'étage inférieur.

Celui-là souhaite une bouche à baisers, un teint de touffes de pommier en fleurs, à faire paraître terreuses les carnations des femmes de Rubens, une candeur sommeillante d'Agnès, des prunelles langoureuses où le firmament et l'océan à la fois semblent avoir mis leur infini,

> Des yeux où l'on dirait qu'un coin du ciel se mire!

Ce troisième exige que sa future soit lestée d'une forte dose de saine gaieté, souriante comme une matinée de mai, joyeuse comme une nichée de pinsons, alerte comme une fanfare et qu'elle ne soit flanquée d'aucune belle-mère, couperosée et hérissée de remontrances.

J'en ai connu pour qui l'idéal était une jeune veuve, giboyeuse, décorative et d'une architecture irréprochable.

Et tous ces rêveurs, plus infortunés qu'Ulysse, se mettent en quête de cette autre Ithaque, aussi mystérieuse qu'introuvable.

Le temps passe, le découragement arrive et l'histoire du héron de la fable reçoit tôt ou tard une nouvelle confirmation.

L'histoire que je vais vous conter, à ce sujet, n'est pas d'hier, ni même de l'avant-veille; mais elle n'en est pas moins instructive.

Et, comme dans le *Postillon de Longjumeau*, j'ai le droit d'ajouter :

> C'est véridique, on peut m'en croire,
> Et connu dans tout le canton!

Un de mes bons camarades, dont la santé plantureuse se conciliait mal avec ses rêves éthérés, — il avait de la sève pour quatre, — s'était promis de ne jamais épouser qu'une blonde rosée et vaporeuse : Pas de veuve surtout, car j'aime les préfaces et je tiens absolument à couper les pages du livre que je lis.

Elle sera plutôt petite que grande, nous disait-il,

dans un de ces moments où l'on s'épanche tout haut, les coudes sur la table ; quand une femme n'en finit pas, serait-elle élancée comme la Diane de Houdon, il y a trop à aimer.

Elle aura des fossettes à tel endroit et un signe duveté à tel autre. Son sourire éclairera une nuit profonde du seul rayonnement de ses dents blanches.

Ce ne sera pas une Pénélope bourgeoise, vouée à la tapisserie, capable de thésauriser et d'évaluer mes mérites au chiffre de mes revenus, etc., etc.

Le programme était long ; inutile de s'y appesantir, quoique pareil examen n'ait rien de désagréable.

Son auteur chercha obstinément à retrouver son rêve, sous une forme mortelle.

Jamais Christophe Colomb ne mit plus d'acharnement à découvrir l'Amérique ; mais le Nouveau-Monde se trouvait entre le 70e degré de latitude nord et le 53e de latitude sud, tandis que l'oiseau bleu de sa fantaisie n'existait sous aucun climat, ni en deçà, ni au delà de la Manche, pas plus dans le pays de Mignon que dans celui d'Ophélie.

Celui qui, jadis, bâillait irrévérencieusement en pensant qu'il était susceptible de devenir juré ou conseiller dans sa commune, porte aujourd'hui l'écharpe municipale ; il voulait que sa fiancée fût pétillante et pétulante comme une Parisienne, sa femme est divinement bonne, calme comme le devoir, respectable comme la vertu et rêveuse comme la mélancolie. Chacun l'estime et l'admire... ; même son mari.

Elle est très moderne, quoique sans nerfs et d'une bonne santé inusable.

J'ai rarement entendu de voix plus prenante, plus irrésistible, que celle de cet être de luxe, qui semble pétri d'une argile de choix.

Elle n'est pas blonde ; mais le jour où il l'a vue est le même que celui où il l'a aimée. Quand elle entre dans un salon, c'est elle qui l'anime et l'éclaire, et partout où elle est, il y a du printemps et du soleil. Elle est spirituelle comme si elle n'était pas jolie.

Tout est loyal et sincère chez elle, son regard, ses cheveux, son corsage, la fraîcheur de son teint ; ni fausses nattes, ni maquillage ; ses dents et ses avantages lui appartiennent en propre ; elle a toutes les grâces et la grâce en plus. C'est une femme *hors con-*

cours, une des créatures les plus réussies que je connaisse ; je doute qu'on puisse faire beaucoup mieux.

L'immuable sérénité de ce couple reporte involontairement aux temps primitifs. La chère petite main de l'épouse ne quitte pas celle de l'époux ; toutes les émotions sont partagées, toutes les sensations sont subies en double. Leur lune de miel, toujours bien pleine n'a pas cessé d'éclairer leur horizon ; elle ne paraît même pas devoir se coucher de si tôt, car monsieur n'a nulle envie de tâter... des étoiles. Il m'a avoué n'avoir jamais eu une pensée ou un regret pour une autre femme. Leur calendrier ne jaunit pas ; je crois qu'ils auront vingt ans, l'un et l'autre, pendant vingt ans encore !

Mais est-il heureux, lui, me dira-t-on ?

Je n'en sais rien ; mais, sans avoir jamais été un pur esprit, il est resté un esprit, une intelligence, un caractère.

Il a un estomac d'échappé du radeau de la Méduse ; il n'a pas une seule ride, pas même celles que trace le sillage des rêveries passagères ; il laisse transpercer par ses lèvres entr'ouvertes et par ses regards humides je ne sais quelle voluptueuse révélation de ses joies cachées; il a l'œil guilleret, le teint fleuri; il a pris un léger embonpoint et l'obésité prosaïque va toujours de pair avec le contentement intérieur. Il ne voyage plus qu'exceptionnellement dans le bleu; le rêveur est mort d'une indigestion de quiétude, dans l'atmosphère sédative des champs, mais sa cave est citée dans les environs comme une des plus recommandables.

Il donne de l'argent pour les écoles, pour les asiles, les inondés; il souscrit à tout ce qu'on veut. Il prête, sans exiger qu'on lui rende.

Hirondelles et amis reviennent régulièrement sous son toit hospitalier, bien ensoleillé, une vraie gaieté, qui est à la fois un amour de maison et la maison de l'amour.

Etres et choses semblent vous sourire à l'arrivée et se lamenter de votre départ. Les joies faciles, la paix de l'âme, la sérénité des désirs, le bon sens semblent rire sous ce toit et y avoir fait leur nid.

Si tout cela ne constitue pas le bonheur parfait, je ne m'y connais pas... or, je m'y connais.

Que conclure de tout ce verbiage, car il faut bien que cette histoire finisse comme toute chose et je ne veux pas perdre l'occasion de marcher, même de très loin, sur les traces de M. de La Fontaine ?

La moralité de ce récit, c'est qu'il faut se défier des aspirations fantastiques qui se cherchent un but, dans le plus lointain pays des rêves ; si l'impossible pouvait courir les rues, il ne serait jamais qu'une exception et le lot du petit nombre.

L'objectif étant le bonheur, qu'importe le chemin, pourvu qu'on arrive !...

CHAPITRE IX

CONTRAT DE MARIAGE

Je renvoie à la lecture du contrat de mariage d'Andrieux, l'un de nos vieux auteurs, les personnes qui voudraient avoir une idée vraiment poétique de la façon dont il faut envisager cette union.

Mais je veux leur donner dès à présent un avant-goût de cette bluette, en leur livrant le contrat de deux époux que j'ai beaucoup connus. Il se rapproche sensiblement de celui des jeunes gens, fêtés par le célèbre écrivain.

Il est écrit par le prétendu.

*Contrat de mariage de Mlle X... et de M. ***.*

Art. Ier. — Nous nous marions pour porter à deux les joies et les douleurs de ce monde, pour être une force et un exemple, pour mettre en commun nos idées, nos sentiments, notre âme tout entière, pour prouver une fois de plus que le mariage est une association noble, élevée, fortifiante, souriante et digne.

ART. II. — Pour fonder une famille, pour que les époux trouvent la joie et le calme auxquels ils aspirent, sans lesquels, rapprochés par le désir, ils ne seront jamais qu'incomplètement unis, il faut une foi conjugale, qui, les élevant au dessus des sens, les rende l'un l'autre aussi sacrés que chers, et fasse de leur communauté féconde une religion, plus douce que l'amour même.

Nous nous en souviendrons toujours! — Le respect de nous-mêmes fera la force et la constance de notre affection.

ART. III. — Je sais que ma fiancée est une âme toute neuve à façonner, un paradis vierge à conquérir; j'aurai donc pour elle tous les ménagements possibles; je l'aimerai à plein cœur et sans arrière-pensée, avec la résolution de lui rendre au centuple la félicité que j'en recevrai. Elle sera le porte-bonheur de ma maison, une amie de tous les instants.

Nous nous rendrons nécessaires l'un à l'autre; la vie intime nous dira tous ses secrets; nous amasserons heure par heure un trésor de souvenirs, qui ne seront qu'à nous, et nos deux âmes se lieront d'une si étroite habitude, que rien ne pourra les désunir.

Art. IV. — Nous n'oublierons pas que le mariage est une école de perfectionnement mutuel : ce but à atteindre sera facilité par une indulgence réciproque. Je suis convaincu que j'en aurai seul besoin, bien que ce que je ressens, depuis nos serments, soit un besoin plus impérieux de bien faire.

Art. V. — Pour nous conformer à la réserve antique, nous éviterons avec le plus grand soin de nous servir de formules impératives : je veux, j'exige, et autres semblables.

Art. VI. — Bien que nous soyons persuadés que notre ciel sera toujours sans nuages, nous nous engageons, pour plus de sûreté, dans toutes les choses de peu de conséquence en particulier, non seulement à ne pas suivre notre propre goût, mais à être toujours empressés à le sacrifier mutuellement.

Art. VII. — L'amour est une force, que, comme

toutes les autres forces de la nature, l'homme peut diriger et rendre utile; c'est le plus grand moyen de perfectibilité que l'humanité ait à son service; notre amour aura pour objectif le beau, le bien et le vrai!

J'initierai ma compagne à ce que je connais des grandeurs de la nature et des merveilles de l'esprit humain; elle me communiquera, de son côté, cette mystérieuse tendresse, que Dieu a mise dans le cœur de la femme et m'associera à tous ses actes de charité.

Art. VIII. — Nous ferons passer, autant que possible, les joies sereines de notre intérieur avant les plaisirs factices et les entraînements dangereux du dehors : les meilleures épouses, les plus dignes de respect, dont les annales du passé nous ont légué le souvenir, furent avant tout des prêtresses du sanctuaire domestique.

Art. IX. — Autant que sa santé le lui permettra, et si le ciel bénit notre union, la future s'acquittera de ses devoirs de mère, dans le sens le plus large du mot, et élèvera elle-même ses enfants.

Nous prendrons bien garde à ce que rien ne gâte prématurément leur cœur et leur raison; nous ne souffrirons pas qu'on leur dise aucune de ces niaiseries qui peuvent laisser, pour toute la vie, des idées fausses ou des impressions regrettables.

Nous les gâterons le plus possible, nous serons prodigues de caresses; il n'y a que les cœurs secs qui craignent de donner. Ils recevront de leur mère l'exemple du dévouement, de la bonté, de la droiture, et, apprendront de leur père comment on sert à la fois la vérité, la justice et la patrie. . . . . .

Bien que le sentiment des convenances nous soit un sûr garant de notre conduite, nous nous efforcerons d'être particulièrement attentionnés vis à vis de tous ceux qui vont dorénavant former notre nouvelle famille : nos parents occuperont en tout et partout, dans nos relations, à notre foyer, aussi bien que dans notre cœur, la première et la meilleure place.

ART. X. — Quoique notre tendresse réciproque nous assure que nous ne manquerons jamais à ces conventions, si l'un de nous venait à les oublier, il sera permis à l'autre de les lui rappeler.

. . . .

Au bas du contrat, on lit, de la main de la future :

« Tous ces engagements sont bien l'interprétation des sentiments de la fiancée, qui reconnaît, dans la manière dont ils sont exprimés, l'affection de son futur mari, auquel elle est bien disposée à donner sans restriction son cœur, son âme et tout ce qu'il y a d'affectueux en elle. Les conditions de ce contrat lui seront bien douces à observer, et l'amour l'aidera encore à les accomplir. »

....

Que d'autres traitent toutes ces délicatesses de puérilités féminines et de subtilités sentimentales. Pour mon compte, je me garderai bien de tirer le rideau sur cette fraîche idylle ; je trouve que rien n'est faux dans le duo de ces deux âmes.

Je crois pouvoir affirmer d'avance que, si jamais elles ont des bouderies, ce ne seront que des nuages légers qui passeront rapidement, sans cacher le ciel et sans faire d'ombre.

CHAPITRE X

DU CHOIX D'UNE ÉPOUSE — DÉFENSE DES PARISIENNES

NOMBRE de jeunes gens qui ont vécu dans la capitale redoutent les Parisiennes, qu'ils considèrent comme inconséquentes et superficielles, comme ayant reçu une éducation et une instruction qui les déflorent, alors que le plus grand nombre sont élevées dans des traditions de réserve et de savoir-vivre, qui se perpétuent heureusement encore dans bien des familles, malgré l'anarchie aussi envahissante que complaisante des mœurs nouvelles.

Ils trouvent qu'elles ont l'attitude gracieuse, mais inquiétante des sphinx; à leurs yeux, ce sont de redoutables Isis voilées, dont les bandelettes ne se déroulent qu'après le mariage.

Les heures de vertige seraient plus fréquentes pour

elles que pour d'autres. Les plus honnêtes seraient lasses de leur métier et n'attendraient que l'occasion pour faire volte-face.

Aussi, sans se faire de grandes illusions sur l'innocence des champs, ils croient mettre une bonne chance de leur côté, en prenant une femme en province.

« Ne faites donc pas ça, s'écrie la marquise de la Veyle, dans un *Mariage dans le monde*, d'Octave Feuillet. — Pour Dieu, ne faites pas ça ! — Prendre sa femme en province comme on y prend des domestiques ? Savez-vous ce qui arrive aux domestiques qu'on fait venir de province ? Paris les grise, la tête leur craque et ils sont pires que d'autres... Vous aurez une femme gauche qui ne saura pas se mettre, qui aura des mains rouges, qui vous couvrira de honte... et qui ne vous trompera pas moins, tout comme une autre !...

« Non, voyez-vous, en réalité, il y a des dangers partout... encore faut-il choisir les moins ridicules. »

Ces idées seraient peu engageantes si elles étaient fondées.

Ce qu'il y a d'incontestable, c'est que le bonheur existe sous toutes les latitudes; c'est qu'on rencontre des créatures immaculées, au Nord aussi bien qu'au Midi, et, qu'il ne faut marier que des gens qui réunissent des éléments suffisants de convenance et de félicité.

*
* *

Il n'est pas nécessaire qu'une jeune fille ait été élevée dans une tour, par des fées, pour réunir les conditions voulues. La candeur et les vestales fleurissent aussi bien sur les bords de la Seine, que dans la patrie de Rabelais ou du capitaine Pamphyle.

On y rencontre autant qu'ailleurs des âmes novices, à la candeur et aux grâces frustes, dont la saine et triomphante sérénité n'est nullement tourmentée par le vague désir de savoir!

C'est une Parisienne qui a tenu ce propos à son prétendu, dont la situation venait d'être brisée : « Avec vingt mille francs de revenus, il nous aurait suffi d'un peu d'amour pour être heureux, et, avec cinq mille, il va en falloir beaucoup; je ferai la différence. »

Une pareille femme doit être capable de tout comprendre et même de laisser tomber sa bague, comme Peau d'âne, dans la pâte ferme d'une pâtisserie de ménage.

En réalité, les jeunes filles de Paris sont dupes, comme les autres, de leurs rêves, de leurs hallucinations, et, l'on ne saurait trop admirer avec quelle candeur elles se laissent encore prendre.

En province la vie s'écoule tranquille, monotone autant que rigide.

« On ne soupçonne pas la dissipation, faute d'occasion qui puisse en éveiller l'envie ; on ne connaît pas la tentation, faute d'objet qui en soit la figure. C'est la vertu négative, — c'est-à-dire celle qui n'eut et n'aura jamais à combattre...

Or, n'en concevez-vous pas une autre ? Et ne vous semble-t-il pas que l'honnêteté de la femme est surtout méritoire, quand elle est active comme le courage du soldat ?

C'est donc dans les milieux actifs qu'il la faut aller chercher. Son élément, c'est la lutte. Les ennemis sont nombreux et très divers. La tentation revêt toutes les formes; c'est la pauvreté, ou tout au moins la médiocrité qui devient pressante; c'est l'appétit de luxe avec ses tiraillements cachés; c'est l'aiguillon du plaisir et c'est l'occasion qui, brusquement, se présente et peut-être ne se retrouvera plus; c'est l'ingratitude ou la légèreté du mari, qui ne tient pas même compte de cette fermeté à défendre son honneur, et dont le délaissement souffle des pensées de revanche. L'honnête femme se débat et glisse quelquefois au bord du fossé.

La margelle est étroite, l'escarpement est à pic, la chute serait soudaine et profonde. Alors, elle se rejette en arrière; elle a senti les affres du péril, et cette épreuve-là n'aura pas été inutile, car la voilà désormais avertie. Elle vient, en un moment, d'apprendre la prudence; elle est aguerrie.

On peut se figurer beaucoup d'honnêtes femmes comme revenues de la tentation, sans y avoir cédé; c'est même l'espèce la plus commune.

Et qu'on ne vienne pas dire qu'une femme honnête ne l'est plus, si elle s'est une fois avisée d'être coquette.

Ceci serait de la morale absolue, qui n'est point la morale vivante.

Mordieu! la vertu a ses degrés; si elle ne les avait point, on n'aurait pas mis quelque chose encore au dessus d'elle, — un je ne sais quoi qui est la perfection, la lumière du bien ou la force du sacrifice, ce qui fait les héroïnes et ce qui a fait les saintes.

Cependant, quoi qu'en disent les pièces de théâtre et les romans, sans parler des notes friandes insérées dans les feuilles mondaines, sans tenir compte même de la *Gazette des Tribunaux*, rélatant les procès graveleux, tout homme qui a pratiqué longtemps et observé la vie, croit, en plein Paris, au cœur de la bagarre, à l'existence de l'honnête femme dans le sens le plus absolu du mot, et n'imagine point qu'elle soit si rare...

Il y croit, alors même que, dans sa vie à lui, vie d'affaires ou de plaisir, de relations troubles ou tout au moins fort mêlées, il ne la rencontre pas tous les jours. Il sait fort bien où il doit l'aller chercher, quand il lui plaît de se reposer la conscience et les yeux, et, certes il est heureux, s'il a su la placer dans sa propre maison et s'il en a fait son bien.

A cette honnête femme-là, il n'est pas besoin de prêcher le dévouement au mari; les sermons sont inutiles. Elle s'est donnée; son mari c'est elle-même. — « Vous ne ferez plus qu'un! » — Si l'union se déchire, ce n'est jamais par sa faute, et le déchirement ne lui conseille qu'un redoublement de fermeté dans sa conduite.

Elle a peut-être connu le combat, mais la pensée ne lui est jamais venue qu'elle pourrait y être défaite. »

(*La Liberté*, 12 mars 1885.)

Comme on ne saurait s'entourer de trop d'autorités, qu'il me soit permis de faire encore une citation.

Dans une conférence faite à Bruxelles, M. Ganderax, avec infiniment de tact et de patriotisme, a fait justice de cette créature apocalyptique et extravagante, que des farceurs ont exhibée à l'univers comme le modèle de la Parisienne; il a démontré que cette apparition troublante, qui traîne après elle des fulgurances de comète, appartient à l'interlopisme européen et n'a rien de parisien, loin de là.

Le fond de la Parisienne, en effet, — et M. Ganderax dégage ceci avec beaucoup de sagacité, — est une sorte de mesure, de goût suprême en toute chose; elle apporte, même dans ses faiblesses, un bon sens un peu terre à terre, qui la préserve des passions violentes et des sentiments excessifs. Elle se plaît dans les régions modérées, n'aime point à quitter la rive de vue et brûle bien rarement ses vaisseaux; elle connaît la vie et ne se laisse entraîner que jusqu'au point qui lui convient; elle est curieuse plus que sensuelle, aimante plus qu'amoureuse; elle a plus d'affectivité que de sensibilité véritable.

Sans doute, au point de vue de la stricte morale, ce sang-froid est loin d'être une circonstance atténuante, et l'on est plus disposé à amnistier et à plaindre l'être terrassé par quelque crise d'âme, contre laquelle la raison est désarmée, que la femme qui n'a point l'excuse d'avoir été emportée par quelque irrésistible tourmente.

J'ajoute que M. Ganderax a su mettre à la place qui convient les femmes de résignation et de devoir, qui disparaissent trop derrière les excentriques et les tapageuses. Il a rappelé avec quelle admirable patience nos plébéiennes ont supporté, pendant le siège, d'horribles privations, qui se doublaient d'une incurie gouvernementale incroyable, d'un désordre inénarrable dans l'organisation des distributions de vivres.

Il a constaté aussi combien, dans le commerce, la Parisienne était près de son mari, auquel elle servait de bon génie, qu'elle consolait et rassurait dans les moments difficiles.

Ce qui nous empêche de porter un jugement équitable sur la Parisienne, c'est notre tendance à ne voir partout que l'exception.

Après avoir défendu les mariages parisiens, j'ai acquis le droit de montrer leurs côtés faibles. — Parmi les premiers, je signalerai le calcul fait par les jeunes gens qui se marient, avec la pensée que leur légitime leur coûtera moins cher que leur maîtresse.

Aussi, contrairement à ce qui a lieu en province, la femme parisienne a souvent moins de dot que son mari, ou n'en a pas du tout.

Du moment qu'elle ne doit être qu'un instrument de luxe ou de plaisir, il est naturel que l'acquéreur paie; mais la sainteté du mariage en est certainement ravalée.

De leur côté, certaines Parisiennes, qui ont une dot même élevée, n'admettent pas qu'elle puisse passer à la communauté; elle doit leur servir exclusivement. Aussi, elles cherchent plutôt un caissier, un gérant, qu'un époux. A leurs yeux, un homme n'existe que par la force sociale qu'il représente, le financier par son argent, l'administrateur par l'avancement qu'il détient, l'homme d'état par la protection qu'on peut lui extorquer. Jouant des coudes, les oreilles fermées aux inutilités, elles ne s'arrêtent jamais devant celui qui n'est riche que de qualités ou de pensées non monnayables.

On connaît, d'autre part, des jeunes filles élevées dans l'aisance précaire de la petite bourgeoise, qui pensent à l'homme, ainsi que la fille de Géorgie peut songer au pacha qui l'achètera un jour peut-être et en fera sa favorite. — Dans la fièvre de leurs insomnies, elles aspirent surtout après la bienheureuse rencontre;

dispensatrice de la fortune, plutôt que de la tendresse. — C'est dans ce but seulement qu'elles tiennent boutique de grâces et deviennent provocantes, malgré les reculades prudentes que leur convoitise occasionne.

Aussi les épouseurs deviennent de plus en plus rares et ne se laissent plus prendre à des sourires et à un peu de chair nue et blanche, habilement découverte ! Ils redoutent justement les charges et les *alea* du mariage et se contentent des dérivatifs, que la galanterie met à la disposition des célibataires de toute condition. On est d'ailleurs plus pauvre qu'autrefois ; l'avenir est moins certain ; les carrières libérales ou officielles, de plus en plus encombrées, ne peuvent pas remplacer le capital qui manque.

On ne se mariera bientôt plus qu'en proviince, parce qu'on y tient encore compte de cette vérité, c'est qu'au point de vue du contrat proprement dit, la femme est à tous les points de vue un mauvais associé, qui dépense toujours plus qu'il n'apporte ou ne peut produire.

Sa constitution même lui impose des chômages forcés, fatalement onéreux.

En conséquence, on cherche d'avance à rétablir l'équilibre et la dot de la future est toujours plus élevée que celle du futur.

Cela n'empêche pas les cœurs d'être unis; ils le sont autant qu'ailleurs, avec des éléments de durée incontestable.

En effet, l'association conjugale est ainsi contractée, dans des conditions d'équité, de justice, qui laissent à chaque conjoint une réelle autorité.

S'il en est autrement, si l'un des deux doit tout à l'autre, il est rare qu'il n'en résulte pas tôt ou tard des froissements ou des conflits.

Malgré les entraînements de la première heure, l'amour ne garde pas éternellement son bandeau sur les yeux et il s'éclipse devant la réalité. — L'enthousiasme disponible est vite dépensé.

On aura beau ergoter, il n'y a pas de traité viable et fécond, si la balance ne reste pas égale entre les intéressés!

Je vise ici la classe moyenne, la plus nombreuse; tout à l'heure, je ferai la part des exceptions, en faveur des favoris de la fortune qui ont le moyen de choisir.

Je le dis, dès à présent, pour qu'on ne voie pas une contradiction entre ce qui précède et ce qui va suivre, — car j'entends bien jeter un blâme public à la face des chasseurs de dot, toujours fort nombreux.

En effet, si on ne voit guère en France de princes épouser des bergères, on y voit en revanche trop de beaux muguets à l'affût des porte-monnaie :

J'ai vu, sur les autels, le pudique hyménée
Joindre une sèche main de prude surannée
A la main sans pudeur d'un roué de vingt ans.

C'était une femme décrépite, pour laquelle l'heure du couvre-feu avait sonné depuis longtemps.

Toute sa peau, comme dit Molière, n'aurait pas tenté un étudiant en vacances, à la campagne. Elle ne parvenait à se survivre qu'à force d'artifices. Les flottants appâts de son buste et les ruines jaunies de sa dentition dénonçaient des délabrements... lamentables.

— Quel âge a-t-elle, demanda-t-on malicieusement au fiancé ?

— Elle a, répondit-il avec cynisme, cinquante mille livres de rentes.

On riait tout bas; mais plus d'un des rieurs aurait

bien voulu aussi tirer le gros numéro de la loterie. Les châsses dorées chôment rarement d'adorateurs et il est difficile de traverser la vie sans perdre bien des illusions sur le désintéressement des épouseurs.

On ferme les yeux sur les considérations d'esthétique et l'on épouse un magot, à cause de son magot. Même riche, on veut que le mariage soit une nouvelle source de richesse.

De pareils marchés sont une infamie et expliquent la corruption croissante des mœurs. Un mariage contracté dans de pareilles conditions ne peut réunir que de loin en loin, près d'un foyer sans chaleur, la politesse de deux indifférences. Il est toujours suivi d'une vie libre, affranchie et dissipée.

Et cela se comprend : la patte d'oie, les cheveux artistiquement collés les uns contre les autres, pour dissimuler les vides, les faux chignons, les dents osanores, les robes trompeuses, le coton, etc..., constituent un réfrigérant, qui fait involontairement songer aux glaces du pôle.

Devant une maturité non douteuse ou une laideur repoussante, je conçois que l'inspiration fasse défaut ;

mais alors il faudrait changer de tactique : en Amérique, un homme voit une belle personne qui n'a pas de dot, mais il l'épouse quand même, estimant que la beauté c'est de l'argent comptant, et il a bien raison; tandis qu'en Europe, un homme rencontre une femme laide, habillée de billets de banque, il l'épouse en disant qu'il n'y a pas de bonheur sans argent, et il a bien tort.

Imitons donc les Américains. C'est un devoir pour tous les hommes *qui le peuvent*, de tendre la main aux jolies filles qui pullulent dans un milieu honnête, à tous les degrés de l'échelle sociale.

Honte à ceux qui font du mariage une spéculation, un moyen de gagner une fortune.

On dit généralement que quelqu'un a fait un beau mariage, quand il a épousé une personne très riche. Il semble qu'il n'y ait que cela en cause; mais un beau mariage ainsi compris est souvent le contraire d'un bon, parce qu'il éblouit et qu'en conséquence il aveugle. On commence sans se connaître; mais plus tard on se connaît trop, beaucoup trop. L'idole a souvent des pieds d'argile!

On épouse d'abord la dot, la femme ensuite; on se préoccupe même de l'âge des parents et de la perspective plus ou moins prochaine d'un héritage. On se livre à une vérification de solvabilité, analogue à celle d'un banquier, avant d'ouvrir un crédit, et cette vérification pécuniaire est trop souvent la seule préoccupation importante dont on se soucie.

Au mariage d'estime d'autrefois a succédé le mariage d'estimation, ce qui permet de conclure que si les temps sont changés, ce n'est pas à leur avantage.

Si je préfère la musique d'une parole tendre au froissement des billets de banque, si je n'approuve pas qu'on se contente d'unir les coffres-forts, ce qui ne constitue pas une alliance, mais un alliage (la noblesse se marie trop rue du Sentier et ailleurs, là où il y a des héritières à vendre), je ne suis guère partisan non plus de ces unions de convenance, de caste, où l'on songe aux écussons avant tout.

Agir autrement serait une déchéance. C'est au nom du passé, au nom de l'avenir, qu'il est interdit de jouir du présent. C'est en raison d'aïeux qu'on n'a pas connus et de petits-neveux qu'on ne connaîtra jamais, c'est pour ceux qui ne sont plus et pour ceux qui ne sont point encore, qu'il faut sacrifier le bonheur de deux existences.

Que dis-je, c'est bien plus : on épouse une personne qu'on n'aime pas, qu'un autre pourrait adorer et l'on refuse sa main à une adorable jeune fille, qu'on désire ardemment, par crainte de déchoir.

Ce préjugé fait de nombreuses victimes, et j'espère bien qu'avec le temps, il disparaîtra comme une foule de vieilleries, qui ne sont plus de notre époque.

Les cœurs aimants se chargeront d'opérer cette révolution.

Causant un jour avec Sully de son mariage, Henri IV lui disait qu'il voulait trouver dans sa femme sept qualités principales. Il faut qu'elle soit belle, sage, douce, spirituelle, féconde, riche et d'extraction royale. Comme on le voit, son programme était séduisant et beaucoup d'autres se seraient contentés à moins. — Mais, hélas! les qualités qu'il prisait si fort, il n'en trouva même pas l'ombre, car il se maria uniquement pour acquitter ses dettes. Il devait de l'argent au grand duc de Toscane, qui avait encore du sang de marchand dans les veines et qui continuait les opérations de banque, auxquelles sa famille devait le trône. Il avait emprunté cet argent pour reconquérir son royaume et pour subvenir aux frais de la guerre, qu'il se voyait obligé de soutenir contre ses sujets. Se trouvant dans l'impossibilité de rembourser ce qu'il devait, et, en outre, dans la nécessité de faire un autre emprunt, il proposa au duc de Toscane d'épouser sa nièce, Marie de Médicis, qui devait apporter comme dot ce qu'on lui avait prêté.

Quelques années plus tard, le poète Dufresny imitait cet exemple, et se libérait de sa créance par le mariage; seulement, au lieu d'épouser une duchesse de Toscane, il épousait sa blanchisseuse, dont il ne pouvait pas payer les notes accumulées.

Ni le roi, ni l'écrivain n'eurent à se louer de cette opération.

On peut appliquer à notre temps ce que M. Ernest Bertin dit *Des mariages dans l'ancienne société française* :

« Sous la pression des préjugés et des besoins de cette société, l'ordre des motifs qui devraient, au regard de la saine raison, décider les mariages, se trouve comme renversé, ou plutôt les uns sont le plus souvent sacrifiés aux autres. S'élever et s'enrichir, voilà le but unique auquel on immole sans pitié toutes les convenances entre les personnes, les rapports d'âge, d'avantages extérieurs, d'idées, de goûts, d'habitudes, le besoin pour les époux de s'aimer et de s'estimer l'un l'autre; de là ces alliances ridicules, bizarres, parfois monstrueuses, qui font du mariage, selon l'expression de Beaumarchais, *la plus bouffonne des choses sérieuses*.

« Ce n'est jamais en vain qu'on essaye de tromper ou de violenter les sentiments naturels. Les parents, au lieu d'éclairer et de diriger la volonté et le cœur de leurs enfants, se croient en droit de disposer de leur destinée, au gré de leur prétendue sagesse ou de leurs fantaisies égoïstes; mais il arrive que cette volonté se révolte, que ce cœur s'échappe et se donne, le plus souvent à l'aveugle. Furtives amours, évasion du couvent ou de la maison paternelle, mariages clandestins, rien de moins rare que les scandales de ce genre.

« Un effet plus funeste encore de toutes ces combinaisons ambitieuses ou cupides, c'est l'action corruptrice qu'elles exercent sur les mœurs. Lorsque les familles qui songent à établir leurs enfants se préoccupent si fort de la naissance, de la faveur, de la richesse, et si peu de l'honneur et de la vertu, l'honneur et la vertu ne sont plus des biens que les futurs époux soient aussi jaloux de s'offrir l'un à l'autre. Que valent, en effet, comme apport matrimonial, l'intégrité de la conduite, la noblesse, la délicatesse, la pureté native de l'âme, et quel besoin de veiller avec tant de scrupules sur ses sentiments et sur sa vie? — Aussi n'y veille-t-on guère et voit-on se multiplier les petits maîtres accumulant les folies de tout genre, les filles provocantes, ayant perdu l'habitude ou le droit de rougir. — Qu'importe à leur avenir la brèche plus ou moins forte faite à leur réputation? Leur rang, leur dot, demeurent intacts et continuent d'allumer les convoitises des mères de famille, qui ont des trésors d'indulgence pour ces étourdis des deux sexes. »

*
* *

Je ne connais pas de meilleure formule matrimoniale que celle indiquée par le comte des Grieux, à son fils, dans *Manon*, l'opéra de Massenet :

> Epouse quelque brave fille
> Digne de nous, digne de toi !

Certes, il faut se défier des rêves de romances, de cette sentimentalité qui fait battre le cœur, sans rime ni raison, et cerne maladivement les grands yeux curieux des jeunes filles.

Il ne faut pas se créer un paradis imaginaire, où le pain et l'amour manqueront tous les deux à la fois, où l'on se retrouvera au jour du réveil en face du spectre ironique de la réalité. C'est agréable de soupirer au clair de la lune, mais un peu de positif n'est pas désagréable non plus. Des navigateurs qui partent pour un long voyage ne sauraient s'embarquer, munis simplement de sirops et de pâtisseries.

La passion s'éteint vite au contact de la vie besogneuse et prosaïque.

On ne se trouve pas longtemps bien dans une chaumière, c'est entendu ; mais il ne faudrait pas non plus se figurer que les avantages matériels puissent compenser l'absence des joies idéales : la fortune c'est bien ; mais la verdeur c'est encore mieux, et Faust désabusé a cent fois raison de refuser la richesse et la puissance que Méphistophélès lui offre, pour leur préférer ce trésor qui contient tous les autres : la Jeunesse ! C'est ce que la comtesse apprécie dans Chérubin.

Une jeune fille qui épouse un homme de son âge et de sa situation sera beaucoup plus millionnaire avec lui qu'en acceptant un vieillard à cause de son million. C'est qu'en effet l'or des hommes caducs, c'est de l'or au procédé Ruolz, l'âge détruit tout cela !

Vivre avec l'amour lui-même, n'est-ce pas se mettre à la meilleure table du banquet de la vie ?

Les mariages réussissent très bien en Angleterre, en Allemagne, chez tous les peuples dont les instincts primitifs n'ont pas été étouffés par une civilisation trop extrême. On y tient compte, en effet, de ces principes naturels qui veulent que les âges soient en harmonie, qu'une âme droite soit alliée à une conscience saine. — Aussi chaque union y réjouit le cœur, y repose les yeux, qui ne voient que des couples jeunes et purs, plus riches de courage que d'argent et marchant vaillamment dans la vie, en s'affermissant par un mutuel effort. Le code n'y attache que des cœurs déjà unis!

On les suit avec une sollicitude touchante dans leurs tentatives pour se créer une situation : leurs recherches, leur sérénité après le travail, la satisfaction de leurs réussites, rappellent les joyeux efforts de deux petits oiseaux occupés à bâtir leur nid, cet écrin douillet qui doit contenir d'amoureux trésors!

Quelques jeunes filles, élevées dans la rigueur d'une vie claustrale, acceptent d'épouser le premier époux qu'on leur offre, comme un prisonnier adopte un plan d'évasion. Pour elles, le mariage c'est la liberté. — Comparé au passé morne, il s'annonce comme un délicieux mélange de devoirs faciles et de plaisirs exquis; mais trop souvent le geôlier qui ouvre la porte de leur prison fait, de son autorité privée, un partage dans lequel il leur laisse à elles tous les devoirs et se réserve tous les plaisirs.

Je sais qu'il y a des femmes, d'une loyauté immaculée, qui, mariées, à vingt ans, à des vieillards décrépits et quinteux, se maintiennent dans une irréprochable dignité de conduite; elles ont pu avoir quelques préférences, destinées à essuyer les plâtres de leur cœur neuf, mais elles n'aiment que leur mari et celui-ci balaye le souvenir de tous les autres. Mais il est toujours imprudent de tenter même les saintes, de les condamner au renoncement des aspirations les plus légitimes, de ne leur offrir que des cendres éteintes pour se réchauffer.

On a tort de supprimer l'amour du mariage, comme un condiment inutile.

On répète partout qu'une jeune fille pleine d'illusions et un homme qui n'en a plus constituent une excellente association; on considère même comme une garantie de bon augure cette différence d'âge et de sentiments; on s'imagine qu'un monsieur éprouvé et mûri (une épave vivante à qui il faut des primeurs) apporte dans la barque d'un jeune ménage un contrepoids utile, une sorte de lest indispensable. — Mais ce n'est plus de la convenance, c'est de l'inconvenance!

Cela fait songer involontairement à ces tyrans, qui faisaient lier des êtres vivants à des corps morts.

On comprend très bien que Bartholo s'enferme, mais Rosine a évidemment moins de plaisir à se laisser claquemurer entre quatre murs froids et sombres.

La bande des amours ne fréquente pas de pareils colombiers.

Cupidon n'aime pas le convoi du pauvre et il ne chante même pas un bout de sérénade banale dans la coulisse.

En voyant un vieux blason conduisant une jeune sacoche, un don Juan édenté et une dona Inès couronnée de 20 roses de mai, on ne peut que répéter le mot de Camoëns : « Cet hiver touche à ce printemps, mais ne le cueillera pas, » et songer qu'il se trouvera peut-être quelqu'un pour consoler l'amour de ce crime de lèse-majesté.

Il n'y a que le lierre qui s'attache aux ruines.

Certes, la femme qui se renferme dans les devoirs de sa destinée, même celle qui a été vendue inconsciente au vieux seigneur Dollar, y trouve les seuls bonheurs possibles pour elle et surtout toutes les dignités. Il faut l'admirer subissant sa vie avec un beau sourire de résignation, se consolant dans son enfant, et, à défaut, dans sa vertu. Honneur à celle qui se complaît dans la chaste attitude de la maternité, qui passe ses meilleures fêtes auprès d'un berceau, qui représente la charité auprès des pauvres et se cache pour faire le bien, comme d'autres pour faire le mal.

Mais encore une fois on ne saurait, en bonne justice, exiger de tout le monde autant d'abnégation.

Il faut bien se figurer que nombre de jeunes filles ont soif, comme nous, de vie et de sensations partagées, que leur tempérament ne les porte pas à l'ascétisme et ne les prédispose pas au rôle de Jeanne d'Arc. — Pourquoi leur jeunesse ne s'élèverait-elle pas avec d'indomptables soubresauts de désirs et de passion?

Pourquoi les franches ardeurs de la nature ou les sublimes enthousiasmes du sentiment seraient-ils pour elles seules le fruit défendu, à l'époque de la maturité des appétits et de la plénitude des sens?

Et qu'oppose-t-on à cette explosion naturelle de toutes leurs forces aimantes, à cette marée montante longtemps contenue?

L'éteignoir et le bonnet de coton d'un Géronte épuisé, pour qui toute source d'émotion est tarie, qui est incapable de modérer et de satisfaire les aspirations confuses de sa compagne.

Pas la moindre halte ensoleillée en perspective sur le chemin de croix de l'épouse !... Elle a un appétit vorace, il la rationne ; elle voudrait jouer à la hausse, il est toujours à la baisse.

Il n'est pas étonnant que quelques femmes sacrifiées ainsi dans leur vingtième floraison, abandonnées comme une statue dans sa niche, poursuivent ensuite un tout autre idéal, le canif à la main, et allument une cigarette avec leur contrat !

On comprend presque que celles qui sont réduites à ce menu conjugal soupirent après les entremets..... illégitimes, après les chaudes aventures d'alcôve et le libertinage des oreillers ravinés.

Elles ont du cœur, de l'imagination et si peu de mari !

Evidemment, il y a maldonne, il faudrait pouvoir refaire : Saint Naquet, patron du divorce, il y a ici de la besogne pour vous !

Tant pis pour ceux qui associent ce qu'il leur reste de vie, moins à une épouse qu'à une garde-malade !

Un tel acte d'imprudence est comme une excuse pour les faiblesses et les égarements d'un jeune cœur. Ils n'auront pas le droit de se plaindre, si leur union anormale est frappée d'une stérilité éternelle, ou ne porte plus que la trahison, si leur femme, après avoir eu deux cent, cinq cent mille francs de dot, n'a pas pour un maravédis de vertu.

Si les auteurs dramatiques et les romanciers trouvent toujours matière à raillerie dans le mariage ; s'ils signalent continuellement les accidents qui ont immortalisé Sganarelle, s'ils évoquent comme un épouvantail certains branchages allégoriques, qui ne viennent pas des forêts vierges, c'est qu'ils ne visent que ces unions choquantes, contractées avec les mobiles les moins avouables, et où l'amour n'est prescrit qu'à dose homœopathique, où le carême de la passion dure toute la vie.

Ils rendent ainsi indirectement hommage à la sagesse hellénique, qui n'admettait le mariage que pour les personnes bien douées et dans la vigueur de l'âge, et l'entravait pour les individus qui portaient le fardeau de la dégénérescence d'une famille, ou semblaient réunir dans leur organisme la décrépitude et les dispositions vicieuses de plusieurs générations.

Un septuagénaire venait d'épouser un tendron, — 17 ans aux lilas. Ce vieux bonze aurait pu être son père et n'avait même plus les moyens, sinon la tentation, de changer de rôle : « Ils ne sont pas responsables, pensa un témoin. La fiancée n'a pas l'âge de raison et l'autre ne l'a plus. »

En somme un mariage sans amour n'a absolument aucun caractère moral. Quand une femme s'abandonne sciemment à un homme qu'elle n'aime point, dans le mariage ou hors du mariage, elle se prostitue, elle devient infâme !

CHAPITRE XI

LA BLONDE ET LA BRUNE

FAUT-IL épouser une blonde ? Faut-il donner la préférence à une brune ? Cela dépend évidemment du goût d'un chacun. Il en est de ce choix comme du Bordeaux et du Bourgogne. Les avis sont partagés.

Un court parallèle permettra à nos lecteurs de juger en dernier ressort :

Je constate d'abord que la première femme qu'on voit passer dans ses rêves est frêle, sentimentale et douce, et qu'on ne lui donne jamais de tresses noires.

> Et quand l'amour se fit amant
> Ce fut en faveur d'une blonde.

L'amour est blond et la passion est brune. C'est pour le sourire d'une blonde, type de perfection, qu'Adam donna sa vie éternelle.

Etre blond c'est presque être beau. Les peintres qui veulent flatter les anges leur donnent une figure de femme et des cheveux radieux et chauds, colorés ici, comme le sauterne, et, là, jaunes comme les vieux cognacs, et, plus loin, se tordant en couleuvres de braises.

Elle est blonde la Flore du Titien, du musée de Florence, qui symbolise l'idéale beauté, ainsi que la Marguerite, aux tresses d'or pâle, d'Ary Scheffer.

La chevelure aux tons de blés mûrs des Germaines et des Gauloises éveille mille idées riantes, des tableaux de volupté délicate, des harmonies fraîches et exquises; elle fait songer au goût savoureux des pêches, aux parfums des fraises des bois, à la senteur voilée de certaines roses, à la chaleur douce de mai, à la sérénité des premiers beaux jours : elle symbolise cette saison bienfaisante!

Au lieu d'une teinte presque monocorde, elle possède une gamme de tons d'une richesse extraordinaire : Le blond cendré, pâle, argenté, fauve, ardent, rutilant, vénitien, napolitain, etc.

Le diable, habilleur de courtisanes et coiffeur de belles filles, a seul pu allumer ce brasier à la flamme des luxures !

Pour peu qu'on ait des goûts paisibles, on en vient rapidement à préférer notre galanterie blonde à toutes les jalouses précautions de l'Orient, aux bruns paradis de Mahomet.

Même en croquant les fruits qui pendent au pommier de la Genèse, la blonde semble incapable de déchoir : « Diane peut devenir Phœbé la nuit et se donner à Endymion derrière un nuage, au jour elle redevient la belle et fière déesse punissant tout Actéon curieux, qui aura voulu surprendre les secrets de sa beauté redevenue pudique. »

La blonde est une vierge sage, la brune une vierge folle (La Cigale et la Fourmi). Dans le curieux tableau du bien et du mal, du musée du Louvre, le bien est représenté par une blonde et le mal par une brune. C'est probablement pour cela que les brunes dominent dans les joyeux contes de Boccace, et que les créations Ossianiques ont été recrutées dans le camp des blondes.

Ces délicieuses évocations défilent devant nos yeux éblouis avec

Leurs tresses blondoyantes,
Voletant ondoyantes
Sur leurs cous blanchissants !

Je sais bien qu'il ne faut pas s'en laisser imposer par les apparences : le vague de la prunelle n'exclut pas les fiévreuses pamoisons ni les romanesques affolements.

Malgré le sentimentalisme édulcoré qui voudrait nous faire croire que la blonde ne s'arrête sur les marges vertes de la route que pour y effeuiller des marguerites, nous ne saurions oublier que c'est elle qui a commencé par secouer les rameaux de l'arbre de la science. — Elle portait une toison couleur de moisson, Mme Adam, la première des croqueuses de pommes.

Sans doute, il faut compter à l'avoir de la blonde sa grâce vaporeuse, sa science du sourire et du froufrou ; mais cette fleur merveilleuse s'effeuille avec une rapidité inexorable. On dirait que la beauté ne lui est prêtée que pour quelques années.

Une triste fatalité ternit subitement l'éclat de ses yeux veloutés, jaunit les roses de son teint, donne des aspects filandreux à ses fluides cheveux d'aurore, des teintes ocreuses à sa crinière de bacchante et remplace les chairs pétries avec des lys, que la lumière caresse avec tant de joie, les contours rebondis et satinés, par des téguments ratatinés, des tissus flasques et des tendons proéminents.

Il y a, certainement, de fréquentes exceptions, mais l'observation persiste : les blondes, comme les Anglaises, ont vingt ans pendant quelques années, puis elles en ont cinquante, presque sans transition.

Quelle qu'elle soit, la blonde est toujours un peu plébéienne, elle n'est jamais que... jolie; la brune est souvent belle, d'une séduction sensuelle et aristocratique : c'est la beauté solaire, épanouie, l'éblouissante carnation de la santé opulente.

Chez la brune, il y a du feu partout, dans le velours noir de ses prunelles, dans son teint chaud, dans ses cheveux lustrés; elle rappelle le fumet des truffes et l'arome du vin de Porto. Les amorces charmeresses de ses œillades de Tolède sont plus incisives, plus piquantes que toutes les câlineries des frimousses pâlottes, à chignons roux, aux tignasses comparables à une coulée de miel. D'ailleurs, son extérieur plus ou moins sensuel n'exclut ni les délicatesses du cœur, ni les grâces de l'esprit. Cette perle féminine a son plus beau rayonnement dans la chaude atmosphère du foyer.

Les voyageurs de bonne foi donneraient cent femmes du Nord pour l'une de ces rieuses manolas de l'Adriatique, à la gorge hâtive, dont les lèvres gonflées de sève semblent continuellement décocher des baisers.

Je considère volontiers que la blonde est une gracieuse sirène, qu'elle possède autant de qualités que la douce Revalescière; mais, à coup sûr, la brune a plus d'atticisme affriolant, plus de mirages fiévreux, plus d'attractions supérieures.

Je ne pousserai pas plus loin ce débat, sachant parfaitement qu'on ne fait pas un accord avec une seule note, ni un tableau avec une seule couleur.

L'harmonie naît, du reste, des oppositions et des contrastes.

Pourvu qu'une femme s'impose par la grâce et le cœur, le reste importe peu ; on l'a dit avant moi, on n'a pas à songer à la coupe à laquelle on boit, si elle donne l'ivresse !

Que votre roman soit cendré, fauve, ou noir, la couleur en sera nécessairement charmante pour vous.

Aimer est le grand point : qu'elle soit couleur de chanvre ou aile de corbeau, nimbée d'or clair ou d'ébène, la femme règnera toujours impérieusement et il faudra sans cesse la représenter dans une attitude triomphale. Nous la retrouvons chez tous les peuples et à tous les âges dans un équipage de fée en bonne fortune !

CHAPITRE XII

LES VOYAGES DE NOCES

Encore deux bons conseils ; j'en suis prodigue : — J'engage les nouveaux époux à ne pas passer de l'église à la gare, sans halte, sans transition et à ne pas quitter l'anneau nuptial, cette décoration d'une légion d'honneur spéciale, qui devrait nous servir de signe de ralliement.

Dans le premier cas on a l'air de se sauver, comme si l'on avait fait une sottise ; dans le second, on paraît abdiquer, on écarte ce talisman protecteur, dont la vue éloigne le danger et écarte les occasions de chute.

Sans doute, il peut être pénible de servir de proie à la curiosité publique ; il n'est pas toujours agréable de subir les baisers humides des grands parents ; mais il est louable et salutaire, dans toutes les classes de la société, de répandre quelques rayonnements sur cet évènement, rempli de doux serments, de mélodies confuses et de sensations troublantes.

J'ai souvent regardé avec attendrissement les noces des ouvriers, que l'on rencontre au bois de Boulogne. On a bien tort d'en rire; il faudrait les saluer avec respect. Hélas! ces fêtes ne tendent que trop à diminuer. A la joie peut-être bruyante, mais sincère et honnête, qui accompagnait l'union légitime, tendent à succéder la mélancolie et les appréhensions de l'*union libre*, que l'ouvrière ne subit qu'à son corps défendant.

Elle était jadis fière de se parer de mousseline blanche, et s'étalait avec orgueil dans la voiture de louage et dans les cabarets du Point du Jour. Beaucoup d'autres femmes lui portaient envie. Aujourd'hui elle ne se sent même plus le goût d'arborer la fraîche toilette. A quoi bon puisque le présent est déjà sombre et qu'elle n'en a même plus le droit? — « Chez le peuple, a écrit Ignotus, le mariage légitime est surtout constaté par la robe blanche de la mariée. La robe blanche était achetée surtout pour le mariage religieux. Elle conservait comme une odeur d'encens. Pas de mariage religieux, pas de robe blanche! Et voici que peu à peu on arrive à ceci : Pas de robe blanche, pas de mariage civil ! »

« Pas de robe blanche, pas de dîner et de petit bal au restaurant. Tout se fait en secret. Tout est triste. Le peuple ne s'amuse plus. »

Jules Simon, de son côté, soutient que la cérémonie du mariage a besoin de quelque décor, d'un peu de prestige.

Oui ou non, est-ce l'acte le plus important de notre existence, celui d'où découlera fatalement le charme ou l'embarras des longs jours qui vont le suivre ? car on suppose qu'ils seront longs ; on ne contracte pas pour une semaine.

On ne signe pas son bonheur ou son malheur, comme on signerait un billet « fin mois », échéance rapide qui nous délivrera, pour peu que nous fassions honneur à notre signature et que le billet soit payé.

Il paraît donc absolument nécessaire à M. Jules Simon que cette heure solennelle de notre vie soit accompagnée de circonstances qui la gravent dans notre mémoire et lui donnent le caractère d'un suprême évènement.

Ce fut la mode, récemment, dans un coin du monde, de ne se marier que civilement.

M. Jules Simon a plusieurs fois assisté à ces mariages sommaires ; moi aussi. Ce qui me flatte, c'est d'avoir conçu alors, sans le dire, les mêmes craintes que le maître en lisant l'inquiétude peinte dans les yeux de l'épousée. L'épouseur était esprit fort ; c'est de son sexe.

Mais elle — visiblement — se disait : « Doit-on vraiment se contenter de si peu, et, après cela, serai-je mariée pour tout de bon ? »

Or, quand une femme ne se croit pas mariée pour tout de bon, vous savez ce qui peut arriver tôt après. Ce ne sera peut-être pas moral ; mais ce sera logique.

A quelque religion qu'on appartienne, il faut donc, dit M. Jules Simon, être marié suivant sa religion. Le mariage civil est le seul légal, s'écrient les ennemis de toute Eglise. Eh ! oui, on le sait bien. Mais, encore une fois, il est sec, comme la loi elle-même, et les partisans de la seule union civile savent bien que, n'eussent-ils pas eu contre eux, quand ils essayaient de l'imposer, la conscience publique, ils auraient encore dû compter sur la résistance des femmes.

La femme! Mais pour elle, « entrer dans l'église en voiles blancs, au bras de son bien-aimé, au son de l'orgue, dans un nuage d'encens, au milieu de tous ses amis émus et souriants, c'était le rêve de son enfance, et ce sera le souvenir de toute sa vie. »

Et la femme a raison. Elle est dans la vérité humaine, — et à quoi peut-il être utile de lui enlever la ferme croyance qu'elle est aussi dans la vérité divine? Ecoutons encore une fois le philosophe :

Vous ne voulez pas de sentiment. Vous voulez tout soumettre à la raison. De grâce, mettez la raison à sa place. Elle a besoin d'être ornée. Faites-nous un monde où l'on puisse vivre. Nous ne sommes dans celui-ci que pour rêver à l'autre, pour y aspirer, pour le gagner en répandant du bonheur autour de nous. Vous êtes si raisonnables que vous me faites froid et que vous me faites peur. J'aime mieux cet autre avec son violon dans cette rue de village. Il chante mal; mais il chante.

*
* *

Malgré les jolies choses qu'on a dites sur le charme qu'on éprouve à aller cacher ses tendresses et ses rêves de joie en des paysages nouveaux, où l'on ne connaît personne, où l'on vit double, où l'on se serre plus affectueusement l'un contre l'autre, comme perdus, comme isolés, où l'on avive le bonheur d'aimer de la flatterie secrète des impressions partagées, de la pensée exquise qu'on sent, qu'on voit les choses avec les mêmes regards jumeaux, les mêmes battements de cœur, — faites en sorte que l'alcôve banale de l'hôtel ne serve pas de temple à l'amour; il y a une sorte de profanation à le faire ainsi officier dans une chambre d'auberge.

C'est un des travers de notre société moutonnière, qui n'est pas à court de ridicules!

Le pauvret arrive tout frileux, inquiet, dépaysé par la promiscuité vulgaire des rencontres et l'hospitalité banale des hôtels meublés.

On s'aime tant bien que mal, en dépit de tout; puis, le lendemain, insouciants comme des moineaux de mai, on poursuit son voyage; mais rien ne contribuera à perpétuer le souvenir exquis de ces premières ivresses.

On voyage pour se distraire... ou pour s'instruire. Or, les jeunes mariés n'ont guère besoin de distraction et je doute plus encore qu'ils aient le loisir de s'instruire sur les mœurs, les idées, la politique et les procédés commerciaux des peuples étrangers.

Supposez M. Benoiton lui-même, accueillant sa fille et son gendre à leur retour d'Italie. Leur demandera-t-il des renseignements sur le progrès des manufactures lombardes et sur le chiffre d'affaires de son correspondant de Livourne? — C'est peu probable, car toute la maison s'écrierait aussitôt : « Oh! papa, laisse-les respirer. Ils avaient bien autre chose en tête! »

M. Henri de Seignelais, qui fait ces réflexions, voudrait que ce fussent les parents, surtout le père et la mère de la mariée, qui fissent un voyage après le mariage : « Oui, dit-il, voilà bien ceux pour qui l'heure de la distraction est arrivée, ceux qui ont besoin de dédommagements et pour lesquels oublier le train ordinaire de la vie est nécessaire! — Croyez-moi, jeunes mariés, faites voyager beau-père et belle-mère, et faites-les partir gaiement! — Ils ne se plaindront pas dans la suite que la séparation ait été pour eux pleine d'amertume. Le souvenir du grand jour et de son lendemain restera aussi charmant pour eux que pour vous. »

Comme médecin je condamne absolument ces courses échevelées, tout ce provisoire éreintant où la pauvre petite femme n'a pas le temps de faire sa place, par conséquent de se reposer; où l'on respire continuellement l'atmosphère vague des salles d'attente et celle beaucoup plus fade des chambres d'hôtel, où l'on se heurte aux cheveux et aux bouts de cigare des voyageurs qui ont précédé.

Il est prouvé, d'autre part, que les voyages de noces ne rapportent aucun profit; on passe à côté des monuments presque sans les apercevoir. Notre passion seule a des yeux et des oreilles; les choses de ce monde défilent confusément, comme des visions.

L'esprit ne demeure pas inactif, mais il ne travaille qu'au service du cœur!

Je demandais récemment à un jeune mari, de retour d'un long voyage de noces, de me narrer quelques-uns de ses hauts faits, de me faire part de ses enchantements.

Après deux mois de lacs et de glaciers, de musées et de macaronis, j'avais le droit d'exiger de son amitié de longs détails.

Il me fut impossible d'en rien obtenir : avait-il rencontré des troupeaux d'oies et d'êtres cosmopolites, des chevaux et des hommes vicieux, des ânes et des viveurs éreintés, mangé beaucoup de plats indigestes et de viandes réchauffées, etc. ?

J'eus beau insister ; il se rappella seulement qu'il avait passé une soirée délicieuse à Venise, avec une femme charmante, — et lorsque j'eus poussé plus loin mon interrogatoire, j'appris que c'était la sienne !

Amants, heureux amants, voulez-vous voyager ?
Que ce soit aux rives prochaines,
Soyez-vous l'un à l'autre un monde toujours beau,
Toujours divers, toujours nouveau ;
Tenez-vous lieu de tout, comptez pour rien le reste !

N'allez donc pas trop loin pour vous aimer ; restez

autant que possible dans un petit logis bien à vous, que vous pourrez accommoder comme pour une éternelle nuit de noces et transformer plus tard, après le triomphe presque impudique des premiers mois de possession, après avoir mené une vie de tourterelles bec à bec, en un lieu de pèlerinage, rempli de ces souvenirs dont les racines tiennent jusqu'à la mort.

Cherchez à soustraire à la vulgarité, pour les rendre sacrées, ces heures fugitives où l'on ne peut se désenlacer, où l'être est rempli de griseries délicieuses, où commence l'intimité enfantine et charmante des niaiseries d'amour, des tutoiements sur l'oreiller, des projets et des confidences rétrospectives.

Plus tard une heure de recueillement dans cette retraite, qui aura gardé le parfum des heureux jours, suffira pour vous donner force et indulgence, pour produire l'apaisement et l'oubli de la lutte quotidienne.

Rien ne chatouille agréablement comme le ressouvenir des sensations envolées. Le cœur s'exalte, inassouvi de tendresse, avec l'odeur capiteuse des ivresses enfuies !

CHAPITRE XIII

LES VIEILLES FILLES

Rien ne saurait décider certaines natures délicates à disputer leur place au sein de notre société; aux charnelles réalités, elles préfèrent l'amour extatique et jamais rassasié de l'idéal.

Leur âme blanche, faite pour rendre jaloux les lis, la neige et les colombes, ne reflète que le ciel.

La religion offre à ces vierges trop pures, pour se laisser séduire par les félicités de l'amour humain, la consolation infinie de se consacrer à de pieux devoirs, de se rendre utiles en vouant leur vie à l'adoucissement des misères du pauvre et du malade.

Elles mettent leur clair regard au service des aveugles, leurs pieds agiles au service des infirmes, leur douce raison au service des aliénés. Ah! elles ne sont pas dégoûtées; elles soigneraient même le conseil municipal!

Mais ce n'est là qu'une minorité insignifiante; la masse, fidèle aux tendances naturelles, se sent invinciblement attirée vers le foyer domestique et ne renonce qu'à regret à y prendre place.

Comme le dit la toute gracieuse Reichemberg, dans le rôle d'Annette, de *Francillon*, les jeunes filles apprennent à lire, à écrire, à dessiner, à jouer du piano, à parler l'anglais et l'allemand, à chanter en italien, à monter à cheval, à patiner, à conduire, à valser à deux et à trois temps, et même à faire la cuisine..... dans le but de trouver un mari. Tout ce qu'elles font a pour objet de plaire à ces messieurs; si elles jouent à la poupée, c'est pour s'exercer à la maternité; en un mot elles s'efforcent d'être aussi parfaites que possible pour mériter l'honneur et la joie d'associer toute leur existence à quelques moments de la leur!

La chrysalide est dans son rôle, en essayant de déployer ses ailes et de se changer en papillon.

Que d'espérances déçues, que de larmes amères chez celles qui n'ont jamais mis leurs lèvres à la coupe des tendresses humaines.

Que de rêves comprimés qui n'ont pu ouvrir leurs ailes !

On sent peser sur elles l'injustice de l'implacable nature ; leurs jours se passent sans qu'elles aient ce qui soutient les plus déshérités, l'espérance d'être aimées une fois.

Elles jouent toute leur vie le rôle fastidieux de sœur Anne.

Pour comble de misère, elles sont parfois cruellement mêlées à l'intimité étroite de la lune de miel d'une parente ou d'une voisine ; elles voient successivement leurs amies s'éloigner, avec un mari au bras, et sont condamnées à se résigner tristement, en pleine sève, malgré les élans de leur cœur.

Qui n'accorderait sa commisération à l'existence déclassée, à la destinée sans but des innombrables Niobés de la virginité, que la fatalité laisse dans l'isolement et le vide ?

Ces pauvres délaissées m'ont toujours produit l'effet de ces roses d'arrière-saison, qui n'ont pas fleuri à leur heure et dont la couleur manque d'éclat et la corolle de parfum. Leur destinée est semblable. Leurs âmes comprimées dans leur printemps, resserrées, glacées dans leurs élans, ont gardé en elles d'inutiles trésors de tendresse, de poésie, de chaleur, près desquelles on passe dédaigneux ou indifférent, foulant aux pieds des cendres qui couvrent peut-être un volcan!

Je les plains toutes en bloc, ces vierges, qui n'auront jamais leur part de caresses quotidiennes, sans lesquelles ce n'est vraiment pas la peine de vivre. Je m'apitoie même sur les laides, celles dont la sveltesse générale, sans accidents de terrain, ni au nord ni au midi, éloigne toute idée de rapprochement, car je suis convaincu que de belles âmes se dissimulent parfois sous ce fourreau médiocre, que des trésors d'amour sont cachés « dans cette grotte aride, dont un dragon de maigreur garde l'entrée »!

Il n'est pas étonnant ensuite que ces vieilles filles, aussi fortes sur les maximes de morale que sur les recettes de cuisine, défrayent un peu la gaieté et soient considérées comme les anges moroses et ridés des familles de province.

Oui, il en est parmi elles de bien méritantes!

On est bien plutôt porté à considérer les filles sur le retour comme acariâtres, bavardes, fanatiques, qu'à leur donner la bonté en partage.

On se figure que le célibat dessèche et racornit, dans leur cœur, les instincts de maternelle bienveillance que l'on trouve chez les autres femmes.

Le monde croit qu'elles ne pardonnent pas au genre humain leur solitude forcée, que la souffrance s'est changée chez elles en venin, qu'elles ne voient que le mauvais côté des choses et fouillent jusqu'aux intentions pour les accuser ; on trouve qu'il y a une dureté cachée dans leur sourire, une secrète malveillance dans leur regard, une griffe sous leur politesse, un scapel au fond de leurs yeux.

Sont-elles jolies ? On met leur vertu en doute. Sont-elles laides ? On ne néglige aucune occasion de le leur faire sentir. Si leur toilette affecte une certaine simplicité, on leur reproche de n'avoir pas de goût, de porter des robes aussi étriquées que leur esprit. Elles sont censées faire quand même la chasse au mari, lorsqu'elles possèdent le génie du chiffon, l'instinct naturel de l'élégance.

Ulbach lui-même, dans le *Livre d'une mère*, est inexorable pour les vieilles filles, « sèches, acariâtres, montées en graine, qui ne se sont laissées maigrir que parce qu'elles ont ouvert leur âme au vent sec du dépit. Trop orgueilleuses et pas assez fières, elles se sont trouvées, un vilain jour, ankylosées dans leur raideur; leurs vertèbres se sont soudées; elles ne peuvent plus ni se baisser sur un berceau, ni s'assouplir pour jouer avec un enfant qui leur tendrait les bras.

« D'autres qui avaient, sans le savoir, la vocation du célibat, se pelotonnent et se font pelottes. On peut les cribler d'épingles; elles s'en couvrent comme d'une parure. Leur sang n'en coule pas plus pour cela. Celles-là, inoffensives, inutiles, n'ont que le tort d'être encombrantes; mais elles font d'ordinaire assez bien la pâtisserie, les confitures et s'entendent à la cuisine. »

Tout cela est-il juste et charitable? Si la plupart des vieilles filles, et des mieux douées (car il ne faut pas se dissimuler que dans leur camp on trouve des types accomplis de beauté physique et morale), sont perdues pour la famille, ce n'est pas vers elles le plus souvent qu'il faut en faire remonter la responsabilité.

La vie de bien des sœurs de charité n'est qu'un tissu d'abnégation et de dévouement, mais ce n'est pas seulement dans le cloître ou à l'hôpital que ces déshéritées dépensent le trop plein d'elles-mêmes. On les retrouve au foyer pour y remplacer la mère absente, et elles sont mères par le sacrifice. Elles parviennent à veiller sur elles-mêmes, sans avoir besoin d'un berceau qui leur appartienne en propre, pour les protéger dans les jours d'orage. En somme, les vieilles filles ont pour préoccupation constante de penser aux autres, dans notre siècle où chacun ne pense qu'à soi-même.

Oui, ai-je entendu dire, mais leur vertu est un château fort qui ne baisse pas le pont-levis, parce que personne ne frappe à la porte; les roses finissent toujours par se laisser cueillir.

Qu'en savez-vous? — Et, alors même qu'il ne serait pas difficile de pousser à bout leur maturité, nous ne naissons pas invulnérables.

Tant que les cheveux blancs n'ont pas amené avec eux un froid apaisement, on n'a pas le droit d'exiger qu'elles demeurent insensibles et glacées, les oreilles fermées à tous les appels de la vie, les yeux bouchés aux attirants sourires de l'espoir.

Tous ceux qui vont au feu ne sont pas atteints pour cela. Il faut bien croire qu'il y a encore pas mal de Marguerites, capables de résister victorieusement aux tentations de la joaillerie suburbaine, aux captieux roucoulements des Faust de haut et bas étage.

Ce dont je suis sûr, c'est que beaucoup de vieilles filles, qui pourraient revenir d'Orléans en droite ligne, comme Jeanne d'Arc, vivent heureuses à l'abri des tempêtes, et auraient pu faire d'excellentes épouses, des mères accomplies.

Je voudrais contribuer à diminuer leur nombre, et c'est pour cela qu'après avoir signalé le mal je vais faire la part du remède.

CHAPITRE XIV

DANGERS DE L'ÉDUCATION ACTUELLE AU POINT DE VUE DU MARIAGE

J'AI connu une vieille fille qui, malgré les quatre-vingts ans de son état civil (elle les avouait, bien qu'il soit permis de tricher en pareille matière), paraissait n'en avoir que quatre fois vingt. — Elle avait été douée de tous les agréments qui peuvent charmer; à son printemps, c'était un cadeau digne d'un prince des contes de fées. Elle avait toute la fraîcheur d'un fruit qui est encore sur l'espalier; elle était jolie comme une fiancée de ballade, et les doigts de Chérubin auraient remplacé sans peine la ceinture qui entourait sa taille cambrée.

> Son miroir lui disait : prenez vite un mari;
> Je ne sais quel désir le lui disait aussi.

Les soupirants se présentèrent en masse; mais la mère, qui adorait sa fille, l'engagea à prolonger son célibat le plus longtemps possible.

Le premier candidat à sa main fut évincé pour un malencontreux éternuement, dont l'éclat sonore faisait songer involontairement à la trompette de Jéricho et qui vint interrompre une déclaration incandescente. Le second eut le même sort, parce que, dans la même circonstance, sa cravate exécutait un mouvement tournant, à chaque phrase.

Le troisième possédait un nez antédiluvien, qu'on eut peur de ne pouvoir remiser dans la chambre nuptiale.

Le vingtième... bref, le vide se fit pour toujours : le miroir aux alouettes cessa de briller, et celle qui en fut victime ne manquait jamais de citer son exemple aux jeunes personnes... *difficiles*, qui étaient exposées à l'imiter.

Elle ajoutait même à ce récit toutes sortes de recommandations, dont la principale, à ses yeux, était la simplicité.

Ah ! les jeunes filles aujourd'hui laissent singulièrement à désirer, de ce côté. C'est là le grand écueil du mariage et je me décide à l'aborder, dût-on me traiter d'esprit chagrin. Je sens, par exemple, que j'aurais besoin d'être encouragé, comme les députés timides à qui des confrères charitables ne manquent jamais de crier : parlez, parlez, lorsqu'ils ont quelque chose de difficile à dire. — Allons de l'avant, quand même.

Oui, le falbala criard, l'excentricité voulue, le luxe exagéré, auquel les moins favorisées sacrifient imprudemment, contribuent certainement à éloigner de la famille une foule de jeunes gens, qui appréhendent les charges de la coquetterie encore plus que celles de la paternité.

Toutes les jeunes filles sont élevées de la même manière, au point de vue des meilleures chances possibles du mariage, — c'est-à-dire que chacune est tellement apte et préparée au gros lot, qu'elle n'est nullement capable de s'arranger d'aucun des lots inférieurs.

On s'est figuré que l'on remplacerait la fortune et la dot par une éducation plus complète, par des talents plus variés. On s'est trompé; cette éducation et ces talents rendent au contraire la dot plus nécessaire, je dirai même tout à fait indispensable. Il faut qu'un homme soit bien amoureux, s'il ne recule pas en pensant à la montagne de velours, de soie et de bijoux, qu'il lui faudra user sa vie et ses jours à conquérir pour que sa femme soit mise *comme tout le monde.* » (*Les Femmes*, p. 38.)

Certaines jeunes filles abordent le gynécée, toutes gonflées de leur importance financière, bien convaincues que le revenu de leur patrimoine ne saurait être employé à autre chose qu'à orner leur petite personne, qui d'ailleurs en a souvent besoin.

D'autres, les filles de M. Poirier, malgré la démocratie qui coule à pleins bords, continuent à pourchasser les blasons.

Il leur faut un titre à tout prix. Rien n'égale la joie qu'elles éprouvent à couvrir d'armoiries gigantesques leurs vêtements et leurs vases les plus intimes.

Leur noble époux, pendant ce temps, n'a qu'un souci, c'est d'avoir un enfant qui le mette à l'abri des reprises de dot. O vanité, que de sottises tu fais commettre!

Le désir d'éclabousser contribue trop souvent à changer la couronne de fleurs de la mariée en couronne d'épines, sans compter que c'est un bien mauvais conseiller : cette préoccupation vaniteuse de l'opinion, avec laquelle on croit rehausser son importance ; cette surexcitation de besoins factices, avec leurs superfluités dispendieuses, constituent en effet une tentation permanente et altèrent à la longue les forces morales. Il ne reste bientôt plus de place pour les idées générales et généreuses, dans un esprit qui recherche avant tout l'éclat emprunté et la représentation purement extérieure.

Les sentiments nobles et élevés se refroidissent et se rapetissent inévitablement. Et pendant ce temps, le serpent, alléché par les audaces des robes, qui précèdent les audaces du langage et de la conduite, tend sa pomme tentatrice : on n'a bientôt plus qu'un pas, qu'un faux pas à faire, pour la cueillir ; on y mord machinalement, un jour de gêne et de désœuvrement !

*
* *

Ajoutons que le luxe des femmes, luxe déplorable et ridicule qui entame et dissipe de riches patrimoines, n'est pas un effet sans cause et sa cause est en nous. La vanité et l'extravagance féminines ne deviennent des plantes grimpantes, envahissantes et dévorantes, que parce qu'elles sont cultivées, arrosées et nourries par la sottise masculine.

Des femmes méritoires ne savent pas elles-mêmes s'affranchir suffisamment du joug de leur couturière. — Je causais naguère devant une mère de famille, excellente à tous les autres points de vue, du règne regretté de la *sainte mousseline*; elle fut la première à faire le procès à mes tendances réformatrices : « D'abord, me dit-elle, il y a des femmes auxquelles la mousseline ne va pas du tout. (Je le concède, bien que mon langage fût figuré.) Et puis les châtelaines n'étaient-elles pas belles dans leurs robes de brocart? — Juliette n'était-elle pas adorable dans son costume de satin blanc, et la femme aimée n'est-elle pas tout à fait charmante dans n'importe quelle toilette? D'ailleurs, c'est fort cher la mousseline; pour la rendre possible, il faut l'orner avec mille francs de dentelles. La faille coûte beaucoup moins et ne nous rend pas moins attrayantes. »

Il ne me restait plus qu'à battre en retraite, sans chercher à renouveler la lutte de Jacob contre l'ange. C'est ce que je fis, tout en songeant que cette dame aurait peut-être la joie, dès à présent, d'être grand'-mère, si elle n'avait pas inculqué ses goûts à sa fille.

P. Véron l'a dit avant moi : « Entre la mousseline bébête, démodée, archaïque, et les fanfares, les panaches, les flamboiements de la tenue actuelle, il y a la place du vrai comme il faut. »

Il y a des moments où je souhaiterais le retour des anciennes lois somptuaires, si je ne craignais pas que les femmes m'arrachent les yeux, ce que je regretterais, puisque je ne pourrais plus les voir !

Il est bien dur de refuser la parure à qui donne la beauté, bien pénible de retrancher des rubans et des fleurs à qui prodigue le sourire et le charme ! Sans doute il est triste d'en venir là, mais il y a des nécessités inéluctables qu'il faut savoir subir.

Les circonstances qui ont amené certains hommes à professer qu'une femme est un luxe, qu'il faut être riche pour se marier, portent un tort énorme à la famille. C'est cette maxime désolante qui peuple les couvents et perpétue la débauche. On estime que dix coquettes font cent vieilles filles, et que, pour une femme qui ruine son mari, cinquante hommes jurent de vivre et de mourir célibataires. Il faudrait être aveugle pour ne pas constater la relation étroite qui existe entre l'exagération du faste et la diminution notable des naissances et des mariages. Les célibataires, d'une part, évitent d'augmenter le nombre de ces ménages, où l'apparence de richesse et la gêne vivent côte à côte, et de l'autre, les gens mariés redoutent les enfants comme un fléau, comme une charge nouvelle, comme les ennemis nés de tout ce qui flatte les sens et enchante l'orgueil, de tous les raffinements et de toutes les jouissances égoïstes. Nous en sommes ainsi arrivés à la stérilité systématique, au grand préjudice de la puissance nationale.

On évite d'avoir des enfants par calcul et on croit faire figure en gaspillant ostensiblement son avoir.

On économise une layette et l'on ne craint pas de laisser peser lourdement sur le budget de la famille l'entretien d'une courtisane, pour laquelle on commande les plus belles toilettes et les plus somptueux ameublements.

Il n'est pas étonnant, après cela, que tant de jeunes filles qui auraient pu faire des compagnes intelligentes, des mères respectées, en viennent à considérer le mariage comme une cérémonie fort inutile, ou ne le désirent que comme un moyen de pouvoir entendre les chansons risquées, le répertoire des petits théâtres, de porter des diamants et des toilettes... fantaisistes, d'agir enfin librement à leur guise.

Que deviendrons-nous si cela continue ?

Je n'ose pas y penser. Supposez donc que je suis dans mes idées noires et n'en parlons plus. Je rentre les griffes !

Il paraît plaisant de rire des rosières ; mais il faudrait en demander à tous les échos ; il serait à désirer qu'on en fît des boutures dans toutes les familles, et que le parfum des petites fêtes de Nanterre devînt à la mode, comme les couleurs fanées et les parfums discrets.

Faisons donc des rosières dans le peuple; mais renonçons aux camélias dans le monde, éloignons les papillons volages de nos jeunes filles, afin qu'elles ne soient pas exposées à apporter la menace d'une chenille dans leur bouquet de noces, afin que nous puissions les transplanter un jour en toute sécurité, et pour le reste de leur vie, dans les terres grasses et fécondes du mariage.

L'exemple de Triboulet qui cachait sa fille dans la petite maison du cul-de-sac Bucy a certainement du bon.

On ne saurait trop tenir en serre chaude ces fleurs délicates, qu'un rien fane, qu'un rien flétrit : pas de théâtre pour elles, pas de romans, pas de fréquentations suspectes.

C'est d'autant plus nécessaire qu'une loi imprudente admet la majorité du cœur avant celle de la bourse. A partir de quinze ans, en effet, la jeune fille peut disposer d'elle-même, mais il faut qu'elle attende vingt et un ans pour devenir une personne civile.

Or, en la désarmant, en lui enlevant trop tôt une protection dont elle a besoin plus que jamais, on arme le séducteur, on développe encore la suzeraineté masculine dans ce qu'elle a de plus vil.

Je voudrais les savoir à l'écart de toutes les séductions malsaines, à l'abri de tout ce qui pourrait obstruer leur intelligence ou obnubiler leur cœur, les garantir de toutes les initiations précoces et ne leur donner d'autre direction que celle de leurs parents ou de leur mari.

*
* *

Les filles qui doutent de tout ont eu certainement des mères qui ne doutaient de rien. C'est pour cela que les chartes de la famille ne sauraient être trop rigoureuses et qu'il faut leur accorder une place prépondérante.

On m'objectera que le moindre bourdonnement de violon emporte les paroles les plus tendres et les plus sensées.

C'est faux lorsque la mère sait s'affranchir de la folie du siècle.

Si, au contraire, elle se laisse entraîner dans la grande cohue, si c'est une de ces évaporées, à qui il faut « le bruit du dehors, la parade des fêtes, l'étalage des ventes de charité, le fourmillement des courses, le tapage des concerts et des expositions, la tuerie des chasses, la curiosité malsaine de tout voir et de tout savoir », le démon ne tarde pas, pendant son absence, à pénétrer dans la chambre de sa fille, sous la forme de la couturière, de la maîtresse de piano, sous celle du journal des modes, ou de l'entrefilet consacré à la description des fêtes mondaines.

Bientôt l'homme bien chaussé et bien ganté l'emporte sur l'honnête homme dans l'esprit de la fillette. Elle met par avance, dans la corbeille de mariage, uniquement ce qui brille sur la terre et ne tarde pas à s'abandonner au vertige, à des agitations aussi malsaines que prématurées, sans être prévenue contre l'inanité de ses rêves.

On se hâte alors de marier les jeunes filles, mais on les marie trop jeunes; elles sont mères avant d'avoir cessé d'être enfants. On les élève, d'ailleurs, de manière à prolonger cette enfance toute la vie, elles perdent de la sorte toute puissance réelle et toute action légitime dans la société.

Malheureusement, bien des mères sont convaincues que l'éducation d'une jeune fille est achevée, quand on lui a appris à jouer de la prunelle et à pêcher à la ligne un mari. Tous les secrets de la minauderie, l'art de rouler les yeux et de faire la bouche en cœur, sont démontrés par principes. Le moment venu, on amorce l'hameçon et on le jette dans un parage poissonneux. Le fretin accourt; on le rejette à l'eau avec dédain. Enfin un vrai poisson semble mordre à l'appât, on chante victoire; on croit apercevoir un brochet de la plus belle taille et il se trouve que ce n'est qu'un goujon!

En agissant autrement, si on laissait mûrir la femme, si elle-même avait la patience d'attendre son développement complet, pour entrer dans la vie complète, elle s'élèverait certainement à un degré de perfection qui n'existe qu'exceptionnellement.

Elle accepterait plus docilement la direction de l'époux qu'elle se donnerait, dans la plénitude de sa raison et dans la sincérité de son âge. Après s'être gardée digne d'être aimée, elle saurait aimer avec un abandon absolu, fière de son choix, et l'heureux mari, à son tour, n'aurait d'autre objectif que d'en faire la plus respectée et la plus adorée des épouses.

CHAPITRE XV

CONSEILS AUX GENS MARIÉS

Lorsque la femme renonce à son rôle de tendresse et de bonté, elle se dépayse et tombe dans le vide. La femme du XVIIIe siècle est tout esprit et c'est pour cela qu'elle sent en elle comme un désert : « Point de sentiment, point de force supérieure qui la soutienne, point de source de tendresse qui la désaltère ; rien qu'une occupation de tête, une sorte de libertinage de pensées, qui la laisse retomber à toute heure dans le désenchantement de la vie.

« Son cœur flotte sans point fixe où il puisse s'attacher.

« Ses facultés manquent en même temps d'un lien qui les assemble et d'un but qui les appelle en haut.

« De là cette prostration singulière, cette sensation de lassitude qui émousse sa conscience. Elle use de tout pour se réveiller, pour se donner une secousse, pour se sentir vivre, pour nourrir ou du moins agiter sa pensée. » (De Goncourt.)

Une honnête femme n'a rien de mieux à faire que de rester honnête : C'est le seul métier qu'elle fasse bien ; elle n'a pas de talent pour autre chose ; on est toujours gauche dans le mal, quand on est embarrassé d'une conscience.

Il arrive bien vite l'âge où une femme qui a failli achèterait au prix de tous les plaisirs, de toutes les joies de l'amour, un peu de cette considération que donne un passé sans tache. Oh ! comme la pauvre créature voudrait forcer les respects, tuer les souvenirs, se mettre à l'abri de ce qui se dit et de ce qui ne se dit pas, de certains sourires qui la font trembler !

La considération, tant qu'on est jeune et que la passion parle, il semble que ce n'est rien ; mais à peine avons-nous un cheveu blanc, notre bonheur dépend de l'opinion, et nous voudrions effacer de notre vie tout ce qui fait obstacle au respect.

Y a-t-il un supplice plus grand que celui d'une mère, ayant de grands fils et ayant toujours à craindre qu'ils n'apprennent l'horrible vérité sur son passé? — Voilà le châtiment terrible de l'adultère pour la femme. Elle a pu avoir des raisons de se mal conduire, comme son mari; mais elle se devait irréprochable à ses enfants, ne pas les tromper dans leur tendresse et leur pieux respect. Elle est plus criminelle envers eux qu'envers leur père.

L'amour de l'homme et de la femme est un pacte volontaire, où celui qui faiblit n'est coupable que de perfidie; mais quand la femme est devenue mère, son devoir a grandi, puisque la nature lui confie une race. Si elle succombe alors, elle est lâche, indigne et infâme!

Dans *Pierre et Jean* (1888, Ollendorff), Guy de Maupassant nous montre le chagrin rongeur de Mme Roland, fuyant son fils qui a découvert son opprobre passé : « Il souffrait affreusement de ne plus l'aimer, de ne plus la respecter et de la torturer. Quand il avait bien avivé la plaie saignante, quand il sentait combien elle était misérable et désespérée, il s'en allait seul, par la ville, si tenaillé par les remords, si meurtri par la pitié, si désolé de l'avoir ainsi broyée sous son mépris de fils, qu'il avait envie de se jeter à la mer, de se noyer pour en finir.

« Oh! comme il aurait voulu pardonner! mais il ne le pouvait point, étant incapable d'oublier. Si seulement il avait pu ne pas la faire souffrir; mais il ne le pouvait pas non plus, souffrant toujours lui-même. Il rentrait aux heures des repas, plein de résolutions attendries, puis, dès qu'il l'apercevait, dès qu'il voyait son œil, autrefois si droit et si franc, et fuyant à présent, craintif, éperdu, il frappait malgré lui, ne pouvant garder la phrase perfide qui lui montait aux lèvres. — L'infâme secret, connu d'eux seuls, l'aiguillonnait contre elle. C'était un venin qu'il portait à présent dans les veines et qui lui donnait des envies de mordre, à la façon d'un chien enragé. »

L'infortunée Froufrou, après avoir passé à côté du bonheur, cherche en vain plus tard à rebrousser chemin, à reprendre la place qu'elle avait délaissée dans sa maison. — Tout lui échappe et elle meurt prématurément de désespoir, après avoir gaspillé inutilement sa vie et celle de ceux qui auraient pu être heureux par elle et pour elle.

L'épouse a tout intérêt à concentrer ses joies et ses plaisirs dans le cercle étroit et sacré de son intérieur. Sa puissance n'en sera que plus grande. Elle est cependant déjà énorme, puisqu'avec un sourire, une larme, un mot, elle peut convaincre ; puisque avec des ménagements, des lenteurs, des concessions, elle triomphe des natures les plus dures, les plus intraitables.

Il est évident que le dévouement appelle le dévouement, que la tendresse produit la tendresse.

On comprend quelle doit être la force de l'homme, qui est toujours sûr de trouver à son foyer des encouragements ou des consolations. La lutte de la vie perd ainsi pour lui toute son âpreté, et il peut regarder l'avenir bien en face, sans crainte, sans soucis, sans défaillances.

Le bonheur de la vie privée console des rigueurs de la destinée !

La femme, en s'associant avec son âme à l'œuvre du père de ses enfants, est vraiment ainsi la compagne de l'homme, telle qu'elle a dû être comprise par la volonté divine.

Je ne la conçois pas plus belle, plus digne d'envie,

que dans ce rôle d'amie fidèle et sûre, de confidente discrète, de conseillère bienveillante, de cordial, de viatique!...

Une femme, avec cette tendresse dévouée, peut agir sur les natures les plus ingrates, les plus dévoyées, comme la goutte d'eau qui perce insensiblement le rocher. — Avec cette beauté morale, elle n'a plus à redouter les débâcles de l'âge, lorsqu'elle a été belle; elle séduit quand même, alors que son physique laisserait à désirer. Avec le temps, d'ailleurs, la sérénité d'un esprit bien équilibré, enclin aux bons sentiments, finit par transpercer au dehors et imprime à tout le visage un reflet doux et souriant qui captive et attire.

Je connais des femmes de cinquante ans et plus, qui, par la douceur de leur regard, le charme doux de leur sourire, un je ne sais quoi qui ne s'acquiert que par la pratique de la vertu, que dans un milieu honnête, sont entourées comme d'une auréole de grâce, qui commande la sympathie et le respect. On devine que de leur bouche il ne peut sortir que de bons conseils, que de bonnes paroles.

Cela vaut bien les regrets rageurs des coquettes

surannées, dont les artifices accusent encore la décrépitude.

*
* *

La formule du bonheur en ménage est très simple. Elle se résume en ceci : Vivre l'un pour l'autre, l'un par l'autre !

Il ne faut pas que le ménage Fourchambault puisse être considéré comme étant dans l'exercice de ses fonctions, lorsqu'il se querelle.

Les Vestales antiques étaient chargées de veiller sur le feu sacré ; toute épouse doit entretenir aussi la flamme conjugale dans le cœur de son époux. Il y va de sa vie morale et celle-ci est encore plus précieuse que l'autre.

Pour retenir l'amour dans le mariage, qu'elle ne craigne pas de faire appel aux excitants de la coquetterie, aux condiments de la toilette, aux apéritifs de l'absence. Il y a des tourtereaux qui useraient toute une vie de passion, en six mois, si on les laissait faire : — Il y a un écueil dans les trop longs tête-à-tête d'amour et les parents qui ont de l'expérience doivent tout faire pour éloigner l'heure de la satiété. Qu'ils ne craignent pas de troubler l'idylle du jeune ménage par de prosaïques intermèdes. — Ils n'en apprécieront que mieux ensuite les longues soirées au coin de l'âtre et le suave attrait de l'intimité.

Le plus souvent Roméo a besoin que Juliette lui tende une échelle pour arriver jusqu'à elle. Que ce trait d'union soit de chanvre ou de soie, peu importe; mais venez-lui en aide. Lorsqu'il arrive harassé après une journée de labeur ou de lutte intellectuelle, accueillez son langage comme un hôte longtemps attendu, sans avoir besoin de chasser des pensées étrangères pour lui faire fête.

Que votre cœur soit sans orages et qu'il n'y ait pas d'autre feu chez vous que celui du foyer.

Il oubliera alors les fatigues de la route, les déboires de sa profession et il recommencera le lendemain, réconforté et rajeuni, la lutte de la vie. Il lui sera alors plus facile de passer à côté de la meule des intérêts communs, sans craindre d'être écrasé; il pourra subir les désenchantements et les épreuves qui attendent tous les lutteurs, mais il se retrempera bien vite dans votre amour et il retrouvera sur votre cœur des forces nouvelles.

Les hommes d'Etat d'avant la Révolution nous offrent d'éclatants exemples, à ce point de vue.

Leur compagne est entièrement associée à leurs projets, à leur fortune, à leur gloire, souvent à leurs travaux. Chaque ministre arrive ayant à ses côtés la force et l'appui des joies de l'intérieur, les inspirations de l'imagination d'une femme ou les consolations de ses tendresses.

A la mort de M. de Maurepas, n'échappe-t-il point à sa femme ce beau cri « qu'ils avaient passé cinquante-cinq ans, sans s'être quittés une journée ». Et que d'autres ménages pareillement unis !

C'est le ménage de Beauveau, Vergennes, de Choiseul; c'est enfin le ménage de M. et Mme Necker, où le bonheur est un peu mêlé d'enthousiasme, l'union d'orgueil et l'amour de la femme d'idolâtrie pour le mari (v. le parallèle vivant des deux sexes. Dufour, 1769). Du reste, à quoi bon remonter si haut. Nous n'avons qu'à regarder autour de nous.

Un morne dégoût s'est emparé de cet homme; une

lutte s'est engagée entre son intérêt et sa délicatesse, il est sur une pente mauvaise, préoccupé de l'avenir, et se dit : « La nuit portera conseil. »

Mais, ingrat, ce n'est pas la nuit qui te fera trouver ton chemin de Damas : c'est ta compagne ; c'est cette douce créature qui répand autour d'elle un air d'honnêteté, de fête et de repos, qui est à la fois l'amour et le respect, l'ivresse et la paix. Sa faiblesse ranimera ta faiblesse !

Ta pensée fiévreuse reprendra ses allures sereines devant le tableau de cet intérieur, qui exprime naïvement tous les bons sentiments. Il soulèvera bientôt un flot de vie morale, au plus intime de ton être.

Tu poursuivais un faux idéal dans de mauvais sentiers ; ce charme magique va te faire rentrer dans le droit chemin. Les rêves maladifs, les brûlantes chimères vont se dissiper ; la vérité va reprendre toute sa saveur pour ta lèvre desséchée. Les mots et les images qui étaient, un instant auparavant, l'objet de ton indifférence ou de tes risées : devoir, piété, sacrifice, vont se remontrer tout à coup avec leur véritable auréole et pleins d'un attrait irrésistible.

C'est toujours la veille histoire inscrite au premier chapitre de la Genèse : — Adam erre seul, dans des bosquets enchanteurs, incapable de rien apprécier, envahi par l'ennui et l'isolement. Ève apparaît ; tout s'illumine et se transforme aussitôt.

Aime-la donc cette femme gardienne de ta dignité, de ta droiture, jalouse de transmettre un nom sans tache à tes enfants, et ne la considère plus comme une lune blafarde, dont la mission est de graviter passivement autour de ton égoïsme. — Son rôle est de te compléter, d'être ta collaboratrice, une âme faite pour te comprendre, une intelligence qui communie avec ta propre pensée !

Ainsi donc, Messieurs les maris, efforcez-vous de vous rapprocher du cœur et des confidences de votre compagne. Laissez-vous traiter en camarades. La direction morale qui vous appartient s'exercera facilement, à condition que vous en soyez dignes.

Il faut qu'à tout âge votre moitié retrouve en vous un peu (le plus possible) du jeune mari d'autrefois.

Vous lui avez fait la cour avant le mariage, recommencez au sortir de l'église et continuez toute votre vie.

Ne tolérez pas qu'elle aille traîner son désœuvrement au milieu des écueils : le monde de la dissipation ne tient tant de place dans la vie de la femme que parce que vous ne lui ouvrez pas assez le monde de l'intelligence.

On lit au *Livre des Proverbes* : La femme n'est pas maîtresse de son corps, *mulier sui corporis potestatem non habet.* — Or, qui le gardera ce corps fragile, sinon l'homme qui l'a choisi dans la plénitude de son amour, pour en faire la première demeure de ses enfants, le sanctuaire, aussi sacré qu'un tabernacle, d'où sortira toute une famille, toute une lignée ?

N'apportez pas chez vous les mauvaises habitudes, contractées avant le mariage, et n'exigez pas plus que vous ne savez ou ne pouvez donner.

Il ne faut pas que vous teniez à votre femme ces propos d'un mari inconséquent : « Je vous tromperai ; vous pleurerez et vous me pardonnerez. — Vous me tromperez ; je ne pleurerai pas et je ne vous pardonnerai pas. »

Nestor déclarait naguère dans le *Gil Blas* que, neuf fois sur dix, les maris qui trompent leurs femmes sont faits pour être les meilleurs maris du monde. Ils ont toutes les qualités conjugales, générosité, confiance, fidélité, amour du foyer; seulement, par un singulier paradoxe, ils mettent leurs qualités aux pieds de filles qui n'apprécient généralement que la première :

« Eh ! grand nigaud, qui ne sais pas aimer les filles comme on les aimait au temps passé, joyeusement, aime donc ta femme ! Si tu parviens à vaincre le mélange de timidité et de grossièreté qui est le fond du caractère de presque tous les viveurs modernes, gâtés par les marchandes d'amour, tu trouveras peut-être quelqu'une des surprises qu'une honnête femme garde derrière ses pudeurs.

« Paresseux, qui, au lieu de greffer soi-même la rose capiteuse sur l'églantier, t'épuises et t'obstines à chercher le fade parfum des marguerites effeuillées.

« Tu passeras, ayant platement apaisé ta soif à la fontaine Wallace, sans avoir découvert la source que tu avais sous la main. »

« La plupart des liaisons, — ajouterai-je avec Colombine, — que les hommes contractent avec ces femmes tournent à être des contrefaçons du mariage, ou des parodies de la passion pure et partagée. On rencontre couramment des hommes graves qui vous disent que leurs maîtresses leur sont chères, parce qu'elles ont des qualités de femmes de ménage et qu'elles sont tout à fait semblables à des épouses. Alors, à quoi bon ? Singulier idéal de l'*extra* que de ressembler au pot-au-feu ? D'autres se laissent prendre à des passions pour des créatures, bonnes filles, si vous voulez, mais qui ne peuvent pas avoir de fidélité pour un homme. Ce n'est pas leur lot, à celles que l'Evangile appelle, non sans raison, les vierges folles... Il faut donc en prendre son parti. Et moi, qui n'aime pas beaucoup qu'on montre trop d'esprit aux choses de l'amour, je suis bien obligée de reconnaître que c'est ici le cas d'en avoir : et, quand on a la joie déjà grande de pouvoir, fût-ce en faisant intervenir les petits cadeaux qui entretiennent certaines amours aussi bien que l'amitié, respirer la fleur d'un rosier, il y a quelque sottise à vouloir que le rosier soit aussi un lierre. »

« Les femmes, conclut Octave Feuillet, ont toutes, à un plus haut degré que nous, la vertu maîtresse du mariage, qui est l'esprit de sacrifice; mais il leur est difficile de renoncer à tout, quand leur mari ne renonce à rien.

« Le mariage n'est pas un monologue : c'est une pièce à deux personnages. Or, vous n'avez étudié qu'un rôle qui n'était pas le vôtre. Cet oiseau rare que vous rêvez tous, la femme d'intérieur, suppose un oiseau plus rare encore : c'est un homme d'intérieur. »

CHAPITRE XVI

LES BELLES-MÈRES ET LE DIVORCE

Une objection se présente à ma pensée ; je ne crois pas pouvoir la passer sous silence. Il s'agit de l'intervention d'un tiers, qui de tout temps fut la terreur des gens à marier.

Ce tiers redouté, puisqu'il faut l'appeler par son nom, c'est la belle-mère. C'est elle que tout gendre rend responsable des maux qu'il n'a rien fait pour éviter.

M. Eugène Faivre, dans son roman *Mariés*, a fait une classification singulière des belles-mères, il établit deux catégories : la belle-mère *virus* et la belle-mère *ferment*. Les qualificatifs peuvent sembler étranges ; ils demandent une explication.

La belle-mère *virus* engendre, entre les époux, l'antipathie spontanée la haine incurable, les discordes endémiques et jusqu'à l'étisie des bonnes intentions.

Elle est à ce point délétère qu'à de grandes distances elle foudroie la félicité conjugale la plus robuste. Dans ce cas, elle se dégage couramment par correspondance.

Le seul remède est la mort.

La belle-mère *ferment* se subdivise en deux classes. Il y a les belles-mères bon ou mauvais ferment. Ce n'est qu'à l'user qu'on les distingue les unes des autres.

Quand la belle-mère agit sur le jeune ménage à la façon du levain dans la pâte, quand elle stimule ce qui, sans elle, manquerait d'yeux et de légèreté, l'aigreur secrète qui la travaille est une aigreur de bon ferment.

Au contraire, lorsque son action entame et désagrège, à l'instar d'un fruit trop mûr placé près de fruits moins avancés, lorsqu'elle fait ressembler un intérieur à une cuve en fermentation, le tout sans malice et sans calcul, mais par erreur ou excès de zèle, son action est celle d'un ferment nuisible.

Remède efficace : l'absence.

Est-ce que cela ne vous paraît pas bien cherché, bien byzantin ?

On a dit encore qu'on n'aurait jamais l'idée d'aller voyager et de quitter sa maison, s'il n'existait de par le monde des pianos, des belles-mères et autres horreurs analogues.

Je crois inutile de protester contre ce qu'une pareille idée a de général et d'absolu; mais comme toute médaille a son revers, je concède que les belles-mères constituent la partie sombre du tableau de l'hyménée. Or, les fonds noirs ne peuvent que faire ressortir les parties claires. Tout mari sérieusement épris de sa femme pourra se servir de sa belle-mère comme d'un repoussoir et il n'en aimera que davantage sa compagne. La femme qu'on aime renouvelle d'ailleurs le miracle des noces de Cana : chaque goutte d'eau versée par elle se change en un vin délicieux!

Pourquoi ne pourrait-elle, à son tour, déteindre sur celle qui lui a donné le jour et la conduire peu à peu à l'indulgence, à la mansuétude, à la bienveillance?

La chose est souvent facile, j'en suis convaincu, et je ne crois pas m'éloigner de la vérité en affirmant qu'une femme cesse d'être une belle-mère, un serpent de mère, du jour où elle devient grand'mère.

Les joies de la famille méritent certes quelques sacrifices et l'on peut bien, en leur faveur, supporter pendant neuf mois l'humeur rageuse d'une personne qui ne tardera pas à dépouiller son acidité.

La fermentation ne dure guère après la quarantaine et le vin peut même se changer en un nectar très agréable, après les premières glaces de l'âge.

Il me semble entendre quelqu'un s'écrier : Voici certainement un homme qui n'a jamais rien eu à démêler avec une belle-mère.

— C'est vrai, je suis indemne et vierge à ce point de vue.

S'il en avait été autrement, j'aurais compris, ce me semble, qu'une mère ne peut pas renoncer brusquement, du jour au lendemain, à l'empire qu'elle a toujours exercé sur sa fille. C'est déjà bien assez qu'elle soit condamnée à la jeter dans les bras d'un inconnu, sans vouloir exiger d'elle que cette donation si pénible mette fin à tout, surtout à cette sollicitude touchante, qui la faisait veiller avec terreur sur le trésor d'innocence dont elle avait la garde.

Sans doute l'oiselet a besoin de voler de ses propres ailes ; mais ce serait être barbare que de ne pas tenir compte des craintes de ses parents, lorsqu'ils le voient projeté dans l'espace.

La mère aussi a peur des épreuves de la première heure ; elle voudrait aplanir les difficultés ; alors même qu'elle se trompe, elle est encore excusable ; car elle n'a en vue que le bonheur de son enfant.

Elle voudrait avoir un gendre dont tout le monde parlera et une fille dont on n'aura jamais rien à dire.

Certes, même après Serge Panine, le moins intéressant de tous les gendres, je ne veux pas entreprendre la tâche ingrate et difficile de réhabiliter les belles-mères, mais ce serait un sujet capable de tenter un... audacieux. Le moment me paraît même assez opportun, car on peut remarquer que les plaisanteries sur leur compte, qui avaient jadis tant de succès, ne provoquent plus d'explosion de gaieté, nulle part. La mode de dénigrer les belles-mères avait pris comme une traînée de poudre. Les Parisiens ont tous un peu d'esprit et ils se le renvoient comme le volant d'une raquette. Tout le monde ayant de l'esprit à Paris, il en résulte que chacun a un peu l'esprit de tout le monde.

Le revirement ayant commencé, on ne peut prévoir où il s'arrêtera. L'heure approche, évidemment, où l'on ne sera plus spirituel, en ayant de l'esprit contre les belles-mères.

On leur sait gré en fin de compte d'élever leurs filles avec des soins pieux et délicats, de détourner d'elles pendant vingt ans jusqu'au souffle des mauvaises pensées. Et puis un jour la loi sociale et la loi naturelle ont parlé. Il a fallu livrer à un homme, à un brutal, ce cher trésor d'innocence. Et de deux choses l'une, alors : Ou cet homme sait se faire aimer, ou il se fait haïr ; ou il enlève une part du cœur de la jeune épouse à celle qui l'a formé, ou ce pauvre petit cœur tout neuf, il le froisse et le déchire. Dans le premier cas, aux yeux de la mère, c'est un larron ; dans l'autre, c'est un bourreau. Et dans les deux cas, on voudrait qu'elle se crût obligée de le chérir. Inscrivez donc dans nos codes que toute belle-mère est tenue d'être une sainte, car ce que vous lui demandez est au dessus de la nature.

*
* *

Sans vouloir aborder à fond la grande question du divorce qui a tant agité le pays, à si juste titre, je ne puis finir sans en dire un mot, sans déclarer que je ne suis guère partisan de l'indissolubilité du mariage, de l'inamovibilité du code à ce sujet, ce qui fait que cette institution épouvante comme l'éternité.

« Certes, s'écrie M. Gagneur (*Les forçats du mariage*, 1870, p. 3), l'éternité du lien conjugal serait l'idéal. C'est l'espérance de l'infini déposée dans les cœurs. On ne peut en nier la grandeur morale; mais si, pour prévenir les abus et les dangers de la polygamie, on tombe dans un mal pire, celui d'enchaîner pour la vie, comme deux forçats à un boulet, deux êtres qui se haïssent, si l'on arrive à faire un enfer de cette vie conjugale, qu'on a posée comme réalisant l'idéal de l'amour, n'est-il pas évident qu'il faut une loi qui brise le lien que la loi a formé, et qui répare les erreurs involontaires?

Pourquoi laisser enchaînés deux êtres qui sont séparés de fait, pour lesquels il y a eu contrat des corps et des fortunes, mais non pas fusion des âmes et des pensées ? »

. . . .

« Chez nous, écrit Guy de Maupassant, on tombe dans le mariage comme dans un puits sans garde-fou. Il semble équitable qu'on jette au moins dedans une corde à nœuds pour permettre aux imprudents, aux naïfs et aux imbéciles de s'en tirer.

Alors qu'il est si difficile d'assortir deux chevaux pour un attelage, on vous assortit deux êtres à l'aveuglette, au petit bonheur, pour le plus grand malheur de l'un et de l'autre.

Chez les peuples, nos voisins, on tolère des épreuves préliminaires, des expériences de caractère et de vie commune, au moyen de voyages d'essai, de flirtations et de familiarités limitées, qui peuvent être suffisamment révélatrices, sans devenir des acomptes. On respire la fleur sans la cueillir.

Chez nous, rien. On se regarde une ou deux fois, en présence des parents et des grands parents. C'est tout juste si l'on peut s'assurer de la rectitude des yeux et de la taille ; on ne s'apercevrait certes pas d'un défaut de prononciation, car on échange à peine les paroles nécessaires pour se convaincre que la jeune fille n'est pas muette, mais on ne découvrirait point qu'elle est bègue. Quant à toutes les autres accordances indispensables pour vivre ensemble, sous le même édredon, on les néglige.

Et le prêtre et le maire vous déclarent enchaînés l'un à l'autre jusqu'à la mort, jusqu'à la mort désirée de celui qui délivrera son compagnon de misère.

Cette obligation de la fidélité ordonnée par le maire, dont on tenait compte d'ailleurs autant que de la défense de marcher sur les gazons du bois de Boulogne, va devenir sinon plus respectée du moins plus respectable, par cela même qu'on pourra s'affranchir légalement de cette contrainte. »

Parmi les raisons émises avec beaucoup de talent par l'initiateur de cette loi de délivrance, en faveur des damnés de l'enfer conjugal, en voici quelques-unes qui me paraissent très concluantes : « En fait, le divorce existe, quelle que soit la loi officielle du pays. Le tout est de savoir — et c'est la seule chose à examiner — s'il vaut mieux illégal que légal. — Il est même à noter que le divorce de fait existe si bien que l'institution du divorce légal n'est jamais réclamée que par les personnes honorables, à qui l'illégalité répugne, et qui ne veulent ni briser leur existence, ni vivre dans une situation irrégulière.

Les autres, celles qui composent facilement avec le vice, n'en ont nul besoin et nul souci. Le concubinage clandestin est plus facile, nécessite moins de courage civique qu'un procès courageusement et publiquement soutenu.

. . . .

A-t-on le droit de prétendre que la loi qui régit les unions conjugales ne touche que ceux qui sont mal mariés? N'est-il pas plus exact de dire qu'elle touche quiconque se marie? Le mariage est un grand *alea* et l'on ne pourrait pas prouver que jamais cette loi de l'indissolubilité, que lui donne l'irrévocabilité du destin, n'ait arrêté sur le seuil de la mairie ceux qui s'apprêtaient à s'engager dans ses liens?

. . . .

Pour bien comprendre la portée morale du divorce, il faut l'envisager par rapport à la séparation de corps, ce dénouement qui ne dénoue rien, qui rive l'homme trompé à son infortune conjugale, ou abandonne la femme dans le piège où elle a été prise, sans possibilité d'évasion.

« Toi, la femme, parce qu'on t'a mariée à un vaurien, peut-être même sans te consulter, tu porteras éternellement ici-bas la peine des gredineries d'autrui. On t'a séparée de ton bourreau, mais défense d'avoir un cœur, si tu ne veux pas être honnie et conspuée.

« Toi, l'homme, entraîné par l'ardeur aveugle de la jeunesse, tu t'es laissé empaumer par une drôlesse qui te remercie de l'avoir trop honorée, en te déshonorant davantage. Le code est intervenu. Tu es séparé. C'est-à-dire qu'on a relâché un peu les nœuds qui te meurtrissaient. Mais n'oublie pas que tu traînes la chaîne toujours.

« Il n'y a rien de changé ; il n'y a qu'un braconnier de plus, lâché à travers la société et condamné à vivre à son tour sur l'honneur du voisin ou sur la chasteté de la voisine. »

Ce n'est pas tout, la mystification va plus loin, car

la femme coupable continue à porter sur le coin de l'oreille le nom de celui qu'elle a berné, et celui-ci, jusqu'à la fin de ses jours, sera forcé d'épier les méfaits et gestes de la cascadeuse, afin de pouvoir faire intervenir à temps le désaveu de paternité.

Et les enfants, que deviennent-ils, dans tout cela ?

« Le père cherche, pour conquérir toute la tendresse, à ensemencer de haine leur jeune cœur. La mère, surtout si elle est coupable, essaye de pallier ses torts, en calomniant celui qui ne s'est pas résigné à les subir. De sorte que voilà le fils qui, élevé par monsieur, ne sait que détester madame, tandis que la fille, élevée par madame, n'a appris qu'à exécrer monsieur. En avant deux, la fraternité à la Caïn ! Et comme elles porteront de beaux fruits dans l'avenir ces abominables semailles ! » (P. Véron.)

Décidément, le remède est sans valeur ; il est temps d'y substituer énergiquement l'amputation préservatrice, qui seule peut sauver, surtout lorsqu'il n'existe pas d'enfants.

Le divorce a déjà fait ses preuves chez les nations voisines, et il me paraît bien plus apte que la séparation de corps à trancher le nœud inextricable de certaines destinées, à réparer des injustices criantes.

Ce qui le prouve, c'est que sur les 1242 divorces prononcés par les maires de Paris, en 1885, la presque totalité, 1121, avaient été précédés d'un jugement en séparation de corps.

Jusqu'ici, le divorce a été accueilli en France avec une certaine froideur ; la majorité de la nation l'admet bien dans les cas extrêmes, mais dans ces cas seulement. — En dehors de là, elle n'aime pas trop qu'on lui parle de cette nouveauté ; elle tient un peu à l'écart les divorcés et leur marchande sa sympathie.

Est-ce routine, préjugé ? — Je n'en sais rien ; mais le fait est incontestable. Voici comment on a cherché à expliquer ce parti-pris : — le mariage parisien, a-t-on dit, n'a jamais été très édifiant depuis plus de deux siècles. Il commençait ordinairement assez bien, il se troublait tôt après : orages d'été, ouragans d'automne. Il advenait même quelquefois que la marmite en fût renversée ; mais tout se réparait avec les ans, et ça ne finissait pas trop mal. Les Italiens ont un proverbe qui peint très exactement le mariage chez eux et chez nous : — C'est, disent-ils, une course où l'on se trouve ensemble au départ et à l'arrivée.

Le divorce a changé tout cela. Il sépare définitivement les époux qui ne savent ou ne croient pas s'entendre. Il ne laisse pas au veuf ou à la veuve l'agrément de pleurer le conjoint qui l'a rendu malheureux et de travailler si bien sa douleur, que le mort se transfigure à ses yeux et lui apparaît abondamment orné de toutes les vertus, dont l'absence dans le vivant l'a tant fait souffrir. Qui de nous n'a observé ce curieux phénomène ? Qui n'en a tiré une conclusion sur la force du lien conjugal ? C'était d'une moralité excellente.

Ce raisonnement est assez plausible; mais il n'a de portée que dans les cas où il n'y a pas eu de faits irrémédiables. — C'est pour ces derniers qu'il faut laisser aux intéressés le droit de pouvoir battre en retraite. Le bon sens public ne s'y trompe pas, en province surtout, où l'on sait ce qui se passe chez le voisin, et il se chargera de prononcer lui-même le divorce, dans certaines circonstances, avant même l'intervention des magistrats.

Cette doctrine est en désaccord, je le sais, avec l'enseignement catholique; mais comme il n'y a pas que des catholiques en France, il est tout naturel que les jugements soient un peu disparates. Je reconnais d'ailleurs volontiers la force énorme que l'idée religieuse, exigeant la perpétuité de la vie à deux, apporte au mariage et à la famille. En 1887, dans ses conférences, le R. P. Monsabré l'a démontré nettement et je terminerai en le citant, pour montrer que je n'ai aucun parti pris : « Entre deux natures fatalement imparfaites, dit-il, il est impossible qu'il n'y ait pas des révélations pénibles et des heurts funestes, où les âmes se blessent. L'amour naturel se laisse prendre à des charmes fragiles, que la main cruelle du temps n'épargne jamais; chaque jour, cet impitoyable ravageur de l'humaine beauté fait son œuvre. Il efface les radieuses couleurs de la jeunesse, déforme les traits, ride les fronts, jette dans les cheveux ses frimas, courbe les corps, détruit l'un après l'autre les attraits qui parlent aux yeux, et l'on n'a plus à la fin devant soi qu'une idole défigurée. Si les volontés étaient libres de se dédire, peut-être ne prendraient-elles conseils que de la mauvaise humeur et de la faiblesse humaine pour rompre une union devenue laborieuse et lourde à porter. Mais la loi d'indissolubilité les retient et les oblige à la pratique d'une vertu, en laquelle se révèle la grandeur de l'homme.

« Elle lui apprend que rien n'est parfait ici-bas ; que l'infinie beauté de Dieu est le seul idéal capable de contenter un cœur avide de perfection, que lorsqu'on n'a pas tout ce que l'on voudrait aimer, il faut aimer ce que l'on a. Elle purifie les yeux de la nature, rend supportables les disgrâces, touchantes les infirmités, aimables la vieillesse et les cheveux blancs. La grâce sanctifie ceux qui s'épousent ; elle descend en eux jusqu'aux sources de la vie. Elle rend bon, chaste, respectable même, ce qui pourrait épouvanter la vertu et l'abreuver de dégoûts. Elle fait chercher dans l'apaisement des sens, le grand honneur de participer à l'action créatrice de Dieu et de donner la vie ; le grand devoir de peupler la terre de chrétiens et le ciel d'élus ! »

CONCLUSION

PERMETTEZ-MOI une comparaison pour terminer : on prétend que les écrivains médiocres, seuls, se plaignent de la pauvreté de la langue française; que ce sont aussi les médiocres rimeurs ou les esprits rebelles à la poésie qui calomnient notre versification. Elle n'est pourtant pas aussi ingrate qu'on le prétend, et les vrais poètes ont montré de quelles variétés de rhythmes, de quelles qualités de malléabilité et d'élasticité elle dispose. Le souffle peut manquer aux exécutants, mais l'instrument est admirable.

Il en est de même du mariage : je crains bien que les époux qui ne savent pas lui faire rendre ce qu'il contient, c'est-à-dire le bonheur, ne soient que des rimailleurs sans inspiration, sans feu sacré, des versificateurs à l'ingrate et chétive tournure.

La muse n'accorde ses faveurs qu'à ceux qui se donnent franchement à elle, sans restrictions et sans arrière-pensée. Le mariage n'est réellement la terre promise que pour ceux qui ne regrettent pas les oignons d'Égypte, que pour ceux qui préfèrent ses joies calmes, ses charges aussi et ses devoirs, aux entraînements extra-légaux, à la servitude peu honorable des Pharaons.

Les mauvais côtés de l'institution que je défends ne lui sont pas inhérents, ils relèvent de l'individu. Celui-ci ne peut s'en prendre qu'à lui-même, s'il ne sait pas jouer du luth qui lui a été confié.

....

J'ai fini, et je me demande un peu tard, si je n'ai pas trop fêté le bonheur domestique qui a, par lui-même, une suavité si pure, qu'il perd quelque chose de son charme à être trop célébré.

Il est semblable à ces fleurs délicates, auxquelles on enlève la meilleure partie de leur éclat et de leur parfum, quand on les expose à un trop grand jour. Ceux qui l'ont éprouvé trouveront ma description un peu froide et ceux qui l'ignorent crieront à l'hyperbole.

D'autres encore, pour qui la chose vantée devient sans saveur, estimeront qu'elle est *rococo*; c'est si vieux le mariage!

Il est encore un scrupule de la dernière heure, qui me hante l'esprit, c'est de n'avoir pas été à la hauteur de ma tâche. Un rimailleur avait fait de mauvais vers à je ne sais quelle Sylvie, et voici comment ils furent appréciés : « On peut dire très bien du mal des femmes, en les aimant beaucoup; mais c'est mauvais signe d'en dire si mal du bien. »

Puisse ma prose ne pas justifier un jugement aussi sévère!...

FIN

TABLE DES MATIÈRES

Pages

CONSIDÉRATIONS PRÉLIMINAIRES I

CHAPITRE I

Le mariage d'après ses détracteurs et ses partisans.. 11

CHAPITRE II

Joies et avantages du mariage. — Inconvénients et dangers du célibat.......................... 20

CHAPITRE III

Ce que devrait être le mariage................. 55

CHAPITRE IV

De l'influence favorable du mariage au point de vue de la longévité.......................... 65

CHAPITRE V

Les enfants et la maternité. — Le vrai rôle de la femme dans la société.......................... 71

CHAPITRE VI

A quelle époque doit-on se marier ?............. 104

CHAPITRE VII

Défense du foyer et de la famille................ 118

CHAPITRE VIII

Rêve et réalité............................ 127

CHAPITRE IX

Contrat de mariage......................... 135

CHAPITRE X

Du choix d'une épouse. — Défense des Parisiennes. 141

CHAPITRE XI

La blonde et la brune....................... 170

CHAPITRE XII

Les voyages de noces.......................... 177

CHAPITRE XIII

Les vieilles filles.......................... 187

CHAPITRE XIV

Dangers de l'éducation actuelle au point de vue du mariage.......................... 195

CHAPITRE XV

Conseils aux gens mariés.......................... 209

CHAPITRE XVI

Les belles-mères et le divorce.......................... 224

CONCLUSION.......................... 240

PRINCIPALES PUBLICATIONS

Du Docteur GRELLETY

1873. De l'hématurie dite essentielle. In-8 de 70 pages.

1874. Vichy médical. Guide des malades à Vichy. In-12 de 360 pages.

1876. De l'hygiène et du régime des malades. In-18 de 80 pages. — 2ᵉ édition en 1884 — 3ᵉ édition in-12 de 134 pages en 1888.

Du merveilleux au point de vue médical. G. Baillière, in-8 de 86 pages.

1877. Influence de l'abus du tabac sur le tube digestif. (*Médaille.*)

1878. Contribution à la thérapeutique de quelques dermatoses de nature arthritique. In-8 de 48 pages. G. Baillière.

Bibliographie de Vichy, suivie d'une notice sur les eaux et le traitement du diabète. In-8 de 70 pages. *Couronné par l'Académie.*

1879. Du climat de Nice et des maladies traitées dans cette ville, particulièrement de la phthisie. In-8 de 20 pages. Typographie Hennuyer.

Des divers traitements de la fièvre typhoïde. *Couronné au concours par la Société médicale de Tours.*

1880. Une cure thermale aux eaux de Vichy pendant le XVIIᵉ siècle. *Revue scientifique*, nº du 27 mars.

Le mariage, ses avantages et sa moralité. Edition elzévir sur papier de Hollande, in-12 de 120 pages. Imp. Protat. *Médaille d'honneur de la Société d'encouragement au bien.* 2ᵉ édition en 1891.

Des principales complications du diabète, in-8, Lyon.

Analyse et compte rendu des 17 thèses d'agrégation en médecine soutenues en mars 1880. M. Masson, in-8 de 130 pages.

1881. Notice sur les eaux de Vichy et réfutation de la prétendue cachexie alcaline. In-18 de 74 pages, traduit en plusieurs langues.

Des précautions hygiéniques à prendre contre la fièvre typhoïde. In-8 de 24 pages, publié par la *Société française d'hygiène.*

Traité élémentaire de la fièvre typhoïde. 1 volume de 420 pages.

1884. Traitement du psoriasis par la traumaticine chrysophanique.

Pour tuer le temps. Livre d'heures... perdues. In-12 de 300 pages.

1885. De la lithiase biliaire et de la pseudo-gravelle hépathique. (J. de méd. de Bordeaux, 27 septembre.)

1886. Vichy et ses eaux minérales, 4e édition, in-12 de 530 p. A. Delaye et Lecrosnier.

1887. Des accidents cutanés produits par le bromure de potassium.

De la syphilis conceptionnelle (2 brochures de 20 p. chacune).

1888. Inconvénients du silence imposé dans les pensions pendant les repas. In-18 de 15 p.

1888. De l'influence de la menstruation et des états pathologiques de l'utérus sur les maladies cutanées. In-12 de 35 pages.

1889. Indications de la cure de Vichy. In-18 de 46 pages.

Une série de feuilletons dans le concours médical.

1890. Contributions à l'étude des gros calculs biliaires.

1891. Notes et impressions, In-18 de 200 p. Imp. Delacroix.

Pour les médecins. Causeries. In-12 de 287 p.

En préparation : Histoire illustrée des communes du Périgord.

MACON, PROTAT FRÈRES, IMPRIMEURS

www.ingramcontent.com/pod-product-compliance
Ingram Content Group UK Ltd.
Pitfield, Milton Keynes, MK11 3LW, UK
UKHW021936200726
13855UKWH00007B/373

9 782013 344609